GUSTAVE BABIN

LA MYSTÉRIEUSE OUAOUIZERT

CHRONIQUE D'UNE COLONNE AU MAROC

CASABLANCA
LIBRAIRIE FARAIRRE
1923

GUSTAVE BABIN

LA MYSTÉRIEUSE OUAOUIZERT

CHRONIQUE D'UNE COLONNE AU MAROC

CASABLANCA

LIBRAIRIE FARAIRRE

1923

GUSTAVE BABIN

LA MYSTÉRIEUSE OUAOUIZERT

CHRONIQUE D'UNE COLONNE
AU MAROC

CASABLANCA
LIBRAIRIE FARAIRRE
1923

LA MYSTÉRIEUSE OUAOUIZERT

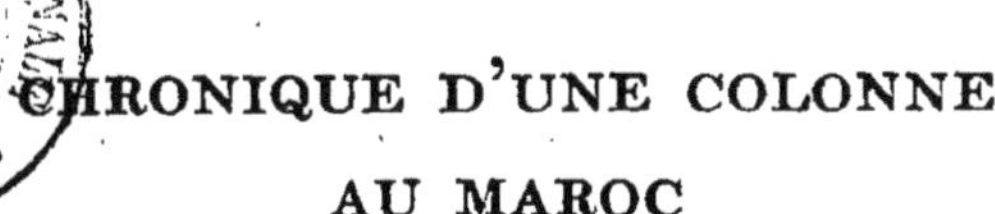

CHRONIQUE D'UNE COLONNE AU MAROC

L'OPÉRATION qui, le 26 septembre 1922, amena le drapeau tricolore à Ouaouizert, n'était qu'un point du programme élaboré par le maréchal Lyautey et approuvé par le gouvernement, qui doit, en trois campagnes, à l'échéance de fin 1923, nous rendre maîtres de ce qu'une adroite formule a qualifié « le Maroc utile ».

Elle ne devait être exécutée, d'après les prévisions, qu'en 1923. Un ensemble de circonstances considérées comme favorables décida le commandant en chef au Maroc à brusquer les choses, à profiter de l'ascendant que nous donnait une rapide avance dans le bassin de la Haute-Moulouya, pour faire exécuter à ses troupes du sud ce nouveau bond en avant, vers l'Atlas bien défendu.

Ç'a été un succès galamment enlevé, qui a donné un heureux contrepoids au mécompte qu'on avait éprouvé, au nord-est, devant les Aït Tseghouchen, et terminé brillamment la campagne militaire de 1922.

J'ai désiré suivre cette brève expédition, qui ne pouvait se prolonger au-delà de trois semaines, un mois, au déclin d'un splendide été, et que devait nécessairement brusquer l'approche de la saison des pluies. Elle avait cet attrait, pour moi irrésistible, de l'inconnu, du mystère, qui me tourmenta toute la vie, et qu'une carrière de trente-cinq ans dans le journalisme le plus actif n'a point émoussé encore : Ouaouizert, en effet, c'était le bled inviolé où, seul Français, seul *neçrani* avant nous, le vicomte Charles de Foucauld n'était parvenu que sous un déguisement sordide. Un autre démon encore me poussait : *Tu es sacerdos in æternum*, dit le Psalmiste. Le vieux journaliste, avec cette insatiable curiosité qui le harcèle comme une Erinnye, se pourrait, sans mentir, appliquer ce mot fatidique *In æternum !*... en vérité !

Enfin, la petite expédition était

commandée par le général Daugan, à qui m'unissent des relations amicales ébauchées voilà dix ans déjà, au Maroc, et qu'ont resserrées encore mes fréquents séjours à l'admirable Division Marocaine, au cours de la grande campagne, mon entrée à côté de son fanion en Lorraine reconquise. J'étais bien sûr que sa bonne grâce éprouvée me rendrait aisée, agréable, cette dernière chevauchée de ma carrière.

Et j'ai donc repris pour quelque temps le harnais du correspondant de guerre, et le carnet de notes et le crayon, et la délectable vie sous la tente...

Petite guerre, c'est entendu, si l'on pense à l'effroyable cataclysme dont le souvenir encore nous obsède comme une hallucination. Je suis charmé de l'avoir suivie. Car d'avoir participé, si peu que ce soit, aux rudes fatigues des soldats d'ici ; d'avoir été, de près, le témoin des efforts au prix desquels ils arrivent à imposer ou à suggérer la paix française, par la force ou par la persuasion, je me suis rendu un compte plus exact des vertus éminentes qu'il leur faut déployer dans l'accomplissement de la noble et difficile tâche qui leur est confiée : courage intrépide et surhumaine endurance, d'abord ; intelligence, abnégation, constance, sagesse, enfin. A comparer les résultats acquis au prix de tant de valeur, avec les moyens souvent si insuffisants qu'on leur accorde comme à regret, il m'a semblé qu'on ne rendait pas toujours, peut-être, un équitable hommage aux mérites de ces hommes.

En écrivant ces pages, simple transcription des notes prises au jour le jour sur mon carnet de route, je n'ai d'autre ambition que de les montrer à l'œuvre, tels qu'ils sont devant les fatigues, les difficultés matérielles et morales et devant le danger, et d'apporter ainsi à ceux qui les voudraient loyalement juger des éléments pour prononcer en toute justice, nullement inquiet sur l'arrêt, d'ailleurs : connaître ces soldats c'est les aimer.

LE PLAN D'OPÉRATIONS

Le but des opérations confiées au général Daugan, commandant de la Région de Marrakech, était de reporter notre couverture militaire suffisamment loin vers les crêtes du Grand Atlas pour permettre l'exploitation paisible des richesses agricoles inestimables de la plaine du Tadla, où s'amoncellent d'insondables couches d'humus, et la reconnaissance des ressources hydrauliques de l'oued El Abid dans son cours moyen. En langage militaire, il s'agissait, en occupant la région d'Ouaouizert,

« d'établir une position-verrou sur l'oued El Abid, symétrique de la position-verrou créée sur la Moulouya dans la région nord-est d'Arbala ».

Cette opération principale devait être conjuguée avec une autre, préliminaire, en direction de la zaouïa Ahansal, dont était chargé, avec notre appui, le pacha El Hadj Thami El Glaoui, à la tête d'une harka levée par lui dans ses tribus.

Dans cette première phase, El Hadj Thami, caïd des Glaoua, qui avait réuni une troupe de 8 à 9.000 hommes, concentrée le 25 août à Demnat, et dotée de six canons, devait se porter vers la zaouïa Ahansal par le tizi (1) N'Laaz et par Ou Assem Souq. Arrivé à ce point, après

(1) En berbère : col, seuil peu élevé.

avoir censé soumis les Aït Oussiki et les Aït Bou Guemmez dissidents, il pouvait, à son gré, ou bien revenir, par une conversion à l'ouest, vers Bou Yahia, où l'attendrait le groupe mobile de Marrakech, ou bien, s'il en avait le temps devant lui, poursuivre jusqu'à la zaouïa d'Ahansal. Son rôle était de parer à une intervention toujours possible, au cours de notre action sur Ouaouizert, du marabout d'Ahansal, Sidi M'ha, et de neutraliser les contingents Aït M'hammed, Aït Oussiki, Aït Bou Guemmez et Aït Isha, soumis à l'influence de ce chef spirituel, dont on dira plus loin l'importance extrême. Mais, en principe, on s'attendait à voir le Pacha, une fois qu'il en aurait terminé avec les Aït Bou Guemmez, déboucher sur Bou Yahia par le tizi N'Tirrist ou le tizi N'Tiririt.

Cependant, le groupe mobile de Marrakech, réuni au camp de Tislit, devait marcher directement sur Bou Yahia, appuyé de trois autres harkas indigènes : les Entifa, commandés par leur caïd, Ouchetou, les Aït Outferkal et les Aït Attab, la première à l'aile droite du dispositif, les deux autres au nord, à l'aile gauche.

Dans la seconde phase, le groupe mobile de Marrakech — avec lequel marchait le général Daugan, commandant tout le groupe d'opérations —, ce groupe mobile, reformé à Azilal, puis porté à Bou Salah, seul point d'eau qui permît la réunion d'un si gros effectif, et toujours flanqué de ses harkas indigènes (les Glaoua et les Entifa à droite, les Aït Attab et les Outferkal à gauche), devait se diriger, par Bine el Ouidane, sur Ouaouizert.

Simultanément, le groupe mobile du Tadla, en campagne depuis le printemps, ayant pris part à toutes les opérations dirigées, dans la zone ouest du Moyen Atlas, par le général Poeymirau, et enlevé notamment Ksiba, d'épique mémoire, devait, par une marche concentrique, en partant de Sidi Yahia, par Timoulilt, l'Ifegheiss, le Taguenza et le Tizi Ghnim, degrés d'un escalier de géants, 600, 800, 1.100, 1.400 mètres d'altitude, rejoindre à Ouaouizert le groupe de Marrakech.

Sous le commandement du colonel Naugès, le groupe mobile de Marrakech comprend 123 officiers, 4.714 hommes (dont 3.042 fantassins, 321 cavaliers, 465 artilleurs), 11.000 partisans indigènes, 723 chevaux, 1.823 mulets. Il a à sa disposition 6 avions, plus 2 sanitaires.

Le groupe mobile du Tadla, commandé par le colonel Freydenberg, est fort de 133 officiers, 5.678 hommes (dont 3.397 fantassins, 473 cavaliers et 1.042 artilleurs) et 2.000 partisans ; 784 chevaux, 2.448 mulets (1). Il a également 6 avions, plus 2 sanitaires. Soit, en tout, un effectif de près de 22.500 hommes, avec 267 officiers, 2.086 chevaux, 5.319 mulets, auquel sont adjointes deux escadrilles de bombardement : une grosse force, on le voit, dont plus de la moitié est constituée par des indigènes. Et c'est un point qu'il convient de souligner, que cette coopération du Marocain soumis à la réunion sous l'étendard du Maghzen des tribus dissidentes. Il y a, parmi ces guer-

(1) Voir, aux pièces annexes, le tableau du commandement du groupe d'opérations et des deux groupes mobiles.

riers, plus d'un brave qui garde encore dans ses chairs quelques balles qu'il a reçues en défendant naguère contre nous l'indépendance de son bled. Spectacle étrange et un peu troublant, que de les voir se ruer avec tant d'ardeur, de conviction, contre leurs frères de race ! Mais ce pays est plein de choses mystérieuses, à nos yeux insondables.

C'est, je l'ai dit, avec le groupe mobile de Marrakech, et derrière le fanion blanc et rouge de l'ancien commandant de l'inoubliable Division Marocaine, que je suis allé à Ouaouizert ; c'est sa marche que je vais conter, ses combats, ses misères, sa vaillance que je vais dire. Un peu plus, un peu moins ardue, la tâche du groupe mobile du Tadla a été pareille et son succès égal. La sympathie, l'admiration qu'il m'arrivera de manifester au cours de ces pages, vont à l'un comme à l'autre groupes, équitablement.

Donc, le 27 août, le groupe mobile de Marrakech était concentré au camp de Tislit, à dix kilomètres à l'ouest d'Azilal.

La harka du pacha El Hadj Thami, réunie le 26 à Demnat, où le général Daugan l'avait passée en revue, se mettait en marche le 28 vers son premier objectif, la tribu des Aït Bou Guemmez.

On s'imagine mal — il en était ainsi pour moi, du moins, avant que j'eusse suivi cette colonne — quels soins, quelles préoccupations exige la préparation d'une opération comme celle-là.

Pour notre groupe, par exemple, une base de ravitaillement avait été établie à Azilal, le dernier poste à la limite de la zone dissidente, et si près de cette frontière, qu'au delà du fossé et des fils barbelés du poste, c'était le bled *siba*, avec ses risques. Dès le 10 juillet, des camions transportaient de l'arrière vers Tanant les munitions, les vivres nécessaires à la colonne et aux harkas, le matériel et les outils pour la construction des pistes, des blockhaus ; à partir du 1er août, on approvisionnait Azilal, où bientôt 4.500 tonnes étaient entassées : la besogne des chauffeurs et des convoyeurs précédait celle des soldats, non moins rudes l'une que l'autre. La ligne de communication était une route de cinquante kilomètres, assez bonne, ma foi, même aux automobiles, construite par le génie militaire pour 200.000 francs. Si l'on travaillait toujours, au Maroc, à ces prix-là !..

Comme le général Daugan gagnait Tislit, où il allait prendre le commandement du groupe d'opérations, on lui présenta, à Tanant, la harka des Entifa, 1.200 fusils, sous le commandement du caïd Ouchetou. C'était, aurait dit un ancien « Marocain », le général Pellé, c'était une troupe pittoresque, sous des draperies terreuses, haillons parfois — car vous pensez bien qu'on n'emporte pas au combat ses vêtements d'apparat, quand, même, on ne part pas en guerre à demi-nus ; une troupe où se mêlaient à de beaux gars vigoureux et souples, des échantillons moins flatteurs de l'espèce humaine : je vois encore certain petit bossu, moins haut que sa *moukhala*, qui semblait le modèle même du *Pied bot*, de Ribera, qu'on voit au Louvre ; mais, superbes comme des héros homériques, sous la laine onduleuse, ou même rachitiques, tous également ardents, belliqueux et pressés d'en découdre, allant à la guerre comme à leur occupation naturelle, la flamme aux yeux. Et le seul détail de leur costume qui rappelât l'uniforme était une bandelette d'étoffe rouge, que les uns portaient serrée autour de leur tête rase, comme la *tænia* antique, que les autres avaient tressée dans la *rezza* de toile qui les coiffait, insigne qu'on leur avait donné afin de les pouvoir distinguer de l'adversaire, au cours de la mêlée.

Le 1er septembre, le G. M. M. (groupe mobile de Marrakech) levait le camp de Tislit avant le jour. Nous étions en route déjà quand l'aube glaça de rose les cimes du Ghat et de l'Azourki, les deux sommets géants du Grand Atlas, hauts de près de

4.000 mètres, dont les décoratives silhouettes allaient, pendant toute cette première partie des opérations, borner, vers le sud, notre horizon.

L'objectif proposé aux troupes, pour la journée, était Bernat, où devait nous guetter la harka du Hansali. On ne comptait guère atteindre que le lendemain Bou Yahia, où, en 1918, en deux étapes marquées d'ardents combats, parvint, à la tête d'une colonne, le général de Lamothe, et qui était de ce côté le terme de notre avance.

A peine en route, me sembla-t-il, tant est douce la première heure d'une chevauchée matinale, nous abordions un bois de chênes verts, assez clairsemés, assez rabougris d'abord, puis s'épaississant peu à peu en inextricables fourrés, en hautes futaies, dans un sol rocailleux, tourmenté, âpre : la forêt de Tamgant. Le lieu était propice aux embuscades, et, au milieu de ce chaos, nous n'aurions pas eu le beau jeu. Mais le sous-bois était désert.

Nous progressâmes donc lentement, étant donné l'indescriptible difficulté du terrain, mais du moins sans être troublés.

Le temps, d'ailleurs, était contre nous : un banc de brume dense s'était étendu, au lever du soleil, sur la région de Tanant, d'où devaient nous venir les avions de reconnaissance ; si bien que, jusqu'à neuf heures et demie, il nous fallut avancer à tâtons, pour ainsi dire, sans autre protection que nos gardes : le bataillon de Légion Lambert, deux pelotons de cavalerie, deux goums et une batterie de 65, en avant-garde ; le bataillon de tirailleurs marocains

Toussaint et un peloton de cavalerie en flanc-garde gauche ; le bataillon de tirailleurs sénégalais Gondy, deux pelotons de cavalerie et une section de 65 en flanc-garde droite ; le bataillon de tirailleurs marocains Taillemitte et un peloton de cavalerie à l'arrière-garde.

Le gros, sous les ordres du colonel Naugès, comprenait le bataillon de Légion du commandant de Corta (moins une compagnie) ; un demi-escadron de cavalerie ; une batterie de 65 et une de 75 (chef d'escadron Perney) ; un détachement du génie et un des transmissions. Le convoi suivait, sous le commandant de Pascal.

Enfin, à droite et à gauche, aux ordres du capitaine Chardon, du Service des Renseignements, les deux harkas des Entifa, 1.200 hommes (caïd Ouchetou et lieutenant Desgranges, des Renseignements) et des Aït Outferkal, de 3 à 400 fusils, constituaient de solides flanquements.

Vers dix heures, comme nous débouchions d'un raidillon sur un étroit plateau caillouteux, un petit groupe se présenta, pied à terre : c'étaient le caïd des Aït Attab, Si Mohammed Ould Simoh, son qâdi et son khalifa. L'excellent homme venait saluer le Général, se mettre à ses ordres: qu'il commandât et il serait obéi. Le Général le remercia : pour le moment il déclina ce concours, heureux seulement de pouvoir compter sur la fidélité des Aït Attab.

Et nous poursuivons notre route, à peine attentifs à quelques coups de feu tirés au loin, sur les harkas de couverture, ou bien lâchés par elles ; escarmouches sans écho. Mais nous avons assez à faire de veiller à la marche trébuchante de nos montures.

Quel terrain, en effet ! quel décor de Valpurgis ! Des luttes de *djnoun* titanesques, de monstrueux génies des abîmes souterrains semblent avoir précédé nos joutes puériles dans cette contrée tourmentée, ravagée, sinistre, et presque aussi stérile que les terres de l'Ecriture, ensemencées de sel après la victoire. Ce sont des ravins nus, dallés de schistes gris que les secousses sismiques, fréquentes en ces parages, puisque nous en devions éprouver deux dans la même journée, ont disloqués en larges blocs rectangulaires, pareils à des lames tombales, que n'égaie pas même la lèpre jaune d'un lichen ; des croupes tantôt chauves, tantôt vêtues de rèches palmiers nains, d'un vert sombre, mouchetées par places de larges plaques d'euphorbes vert de gris, malsaines, inquiétantes : on dirait des coulées de bronze jaillies de quelque cratère et lentement oxydées sous les pluies de siècles et de siècles. Çà et là, quelques yeuses rabougries, tordues, convulsées par la difficulté de subsister, versant au roc une goutte d'ombre tiède ; quelques frênes aux grêles feuillages, qu'on salue comme de vieilles connaissances retrouvées, éveillant au cœur des ressouvenirs d'enfances lointaines, de champs de longtemps désertés, oubliés, presque. Sur tout ce chaos, le silence, une atmosphère de mort, sans un battement d'ailes, sans un cri d'oiseau, sans autre frisson que le crissement d'une sauterelle qui bondit, que la fuite d'un lézard sur une touffe desséchée.

Et d'aucuns murmurent, ironiques : « Ah ! ah !.. le Maroc utile !.. ». Mais ce bled farouche n'est pas autre chose que le glacis, la marche à l'abri de laquelle, en arrière, les populations ralliées à l'autorité du Maghzen pourront travailler dans la paix et la sécurité, oubliant ces ères de violences, de razzias, de luttes interminables dont témoignent encore, aux flancs de ces coteaux, et jusqu'aux abords de la fauve Marrakech, ces casbahs qui s'affrontent et se défient, deux à deux, de chaque côté d'une misérable faille du roc, avec la même superbe qu'aux rives du Rhin le Chat et la Souris, et tant de burgs sourcilleux.

DEUX ENNEMIS FACE A FACE

Le jour où le général Daugan remit aux mains d'El Hadj Thami, après lui en avoir donné connaissance par la voix d'un interprète, le plan d'opérations où était défini son rôle dans cette campagne, le Pacha serra d'un geste calme la liasse qu'on lui tendait, et, sans daigner demander aucune explication complémentaire, dit simplement : *Ouakha !* — « Tout est bien ! »

Il lui semblait tenir enfin, avec ces feuilles légères, la vengeance que, depuis quatre années, il guettait. Car ce n'était pas la première fois que la puissance des Glaoua se heurtait à celle du Hansali, et une déjà vieille haine animait l'un contre l'autre le fastueux châtelain de Telouet et le marabout retors d'Ahansal.

Lors de l'expédition de 1918, le caïd Si Madani El Glaoui assumait auprès du général de Lamothe le même rôle qu'aujourd'hui son frère Hadj Thami joue aux côtés du général Daugan. Ce fut pour Si Madani une aventure désastreuse. Avant que d'atteindre Bou Yahia, où nous tendons nous-mêmes, et où le général de Lamothe planta sa tente quelques heures, le Glaoui avait perdu son fils cher entre tous, Si Abd El Malek, l'espoir de ses vieux jours, son successeur désigné, qu'il emmenait pour la première fois à la guerre. Affreusement blessé, à son premier combat, à l'orée d'un boqueteau qu'allait nous montrer, chemin faisant, le commandant Orthlieb, chef du Service des Renseignements de la Région de Marrakech, Si Abd El Malek avait succombé tandis qu'on le transportait au poste le plus voisin, Tanant. Le père, accablé, n'avait pu survivre à ce coup : il traîna quelques jours en silence unc doulcur insondable et farouche, et succomba soudain à ce mal, orgueilleusement dissimulé à tous les yeux.

Une soif ardente de vengeance s'alluma au cœur d'El Hadj Thami, qui aimait ce frère aîné, et qui accomplit pieusement les devoirs qu'il se sentait envers sa mémoire, épousant tout d'abord sa veuve, adoptant comme siens ses enfants.

Même avant ce drame, d'ailleurs, d'anciennes et sourdes rivalités d'ambition dressaient les Glaoua contre ce ténébreux Hansali, dont l'influence, les intrigues dans l'Atlas barraient la route à leurs rêves de domination vers le sud, vers le mystérieux Sahara.

Et un tel ennemi est bien digne de si implacables rancunes.

Car le pouvoir de Sidi M'ha El Hansali est redoutable. Chef religieux d'une zaouia révérée, sorcier, jongleur, et recourant, pour dominer sur ses fidèles, à demi-sauvages encore, d'aucuns, à des artifices de charlatan, puérils, mais d'un effet immanquable sur ces primitifs, il exerce, sur un pays déjà âprement défendu par la nature, en même temps que l'autorité d'un chef de guerre, une influence morale profonde, et que seul parviendrait à entamer un grand coup porté à sa puissance temporelle.

Il est le descendant d'une longue lignée de marabouts.

Il y a trois siècles environ, disent les traditions, cinq générations, pas plus, arriva dans cette âpre montagne, venant du Sous, d'où ont surgi déjà tant de *roguis*, du désert, berceau des mirages et des contes, un pèlerin étrange, quelque féticheur des solitudes perdues, que guidait un animal mystérieux, un chat, noir comme l'Erèbe, qui l'amena jusqu'à l'oued bondissant au fond d'un ravin, puis disparut. Dada Saïd demeura seul dans ce bled pierreux, maudit, à jamais frappé de stérilité. Et, confiant dans la bonté d'en haut, avant de s'endormir il y fit des semailles. Miracle ! la rosée de la nuit, pendant son sommeil, avait fait germer la plus opulente des moissons : Allah avait donné à cet élu, son envoyé, son serviteur, le don de fécondation.

Dada Saïd termina là ses jours, dans la prospérité, dans la paix. Il y repose, au bord de l'oued Ahansal, sous une koubba dont aucun infidèle ne s'est approché encore ; que le *neçrani* n'a pu voir que de haut, en volant dans les cieux, et vers laquelle accourent, de lieux inconnus, des foules de confiants laboureurs, empressés à solliciter pour leurs glèbes misérables la bénédiction de son lointain héritier. Il leur prodigue, en sus de cette *baraka* qu'ils en attendent, maints et maints tours plus ou moins prodigieux, bien propres à renforcer leur foi aveugle. L'un, par exemple, de ses exploits favoris, consiste, armé d'un fusil, à mettre en joue l'un ou l'autre des assistants, un second, un troisième, et à tirer : comme si sa volonté arrêtait à point la détente, aucun coup ne part, jusqu'au moment où, ajustant enfin quelque chien qui passe, il l'abat net.

On imagine quel superstitieux respect peuvent imposer aux pauvres fellahs incultes de la montagne de telles sorcelleries, de quelle ardeur fanatique peuvent être enflammés, par cet insidieux bateleur, les guerriers-nés de l'Atlas, tous ces Chleuhs intrépides, passionnés d'indépendance, pour qui le *baroud* semble un jeu, le plus passionnant de tous, et qui se ruent au combat, — et au pillage, — comme à une fête ! El Hadj Thami El Glaoui devait éprouver leur fermeté dans la défense de leurs montagnes et de leurs champs.

Le pacha de Marrakech était impatient d'entrer en campagne, et ce fut de toute son énergie qu'il pressa les préparatifs. Si grande était sa confiance dans l'issue de la lutte, qu'il ne se résignait pas à se contenter de l'objectif qui lui avait été primitivement assigné : le roi Pichrocole échafaudait à peine de plus magnifiques projets. Il lui fallait aller jusqu'à la zaouia même d'Ahansal, humilier chez lui, au cœur de son fief, dans sa pieuse bastille, l'ennemi abhorré, satisfaire jusque là ses désirs de vengeance. Connaissait-il mal l'épouvantable contrée au milieu de laquelle il allait s'aventurer ? ou bien, comme il arrive parfois aux grands, avait-il été abusé par de trop complaisants rapports ? Le Général, pourtant, l'avait mis en garde contre des ambitions démesurées : il se contentait de lui assigner comme but Ouassem Souq, d'où il pourrait, par le col à l'est de l'Azourki, rejoindre

Bou Yahia, où le G. M. M. devait l'attendre ; la marche sur Ahansal était subordonnée à la rapidité de ce premier succès. Mais El Hadj Thami était si sûr de lui, qu'il proposait, après la prise de la zaouia, de rejoindre nos troupes par la vallée de l'oued Ahansal et le Tillouguit des Aït Isha.

Il comptait alors, il est vrai, sur le concours des Aït Atta du Sahara, qui devaient lui arriver par le col d'Izourar et prendre à revers les défenses du Hansali. Il eût dû, pourtant, se méfier des intrigues de Sidi M'ha, dont la subtile diplomatie, déjà, en 1918, avait tenu Si Madani en échec chez les Aït M' hammed, les mêmes adversaires que la harka glaoua allait aborder à présent.

Le vieux fourbe avait tenté avec nous un premier coup. Tout comme en 1918, se disant prêt à se rallier au Maghzen, mais retenu uniquement par des scrupules d'amour-propre, par la *horma*, le point d'honneur de la famille et de la tribu, il demandait qu'on fît seulement contre lui un simulacre, qu'on montât une feinte avance, qui le couvrirait aux yeux des siens ; il suggérait encore au général Daugan qu'il pourrait peut-être aller d'abord à Ouaouizert : cependant, il se fût jeté sur nos derrières, coupant nos communications, et se dressant en sauveur des Chleuhs, faisant rentrer dans l'ombre son cousin et rival Hoceine Outemga, le parent pauvre, mais le descendant du fils aîné de Dada Saïd et l'irréductible et populaire défenseur de l'indépendance berbère.

Le piège éventé, et déçu de ce côté, Sidi M'ha se retourna d'un autre : d'abord, imposant silence à ses répugnances et à sa rancune, il fit alliance avec Outemga; puis, de cauteleuses négociations réussirent à détacher du *lef* des Glaoua les Aït Atta : le concours qu'en attendait El Hadj Thami par l'Izourar allait lui manquer.

S'il fut prévenu de cette défection, le Caïd n'en fit du moins rien paraître. Il continua à pousser fiévreusement les préparatifs de son expédition, et le 28 août, avec un jour de retard, il quittait Demnat à la tête de sa harka, se lançant sur les Aït Bou Guemmez, son premier objectif.

Des raisons de subsistances, de *mouna*, le déterminèrent à allonger sa route, à faire un crochet par Tanant et les Guettioua. Le 2 septembre seulement, au lieu du 30 août, il aborde les Aït Bou Guemmez. Le 4, il attaque.

C'est le combat classique, très chevaleresque, très beau. Le Pacha, guerrier superbe, caracole au premier rang, au milieu de ses amis les plus fidèles, faisant comme eux le coup de feu, exposé comme eux. Sept des élégants cavaliers de cette phalange sacrée sont tués. Une peine profonde envahit le Glaoui, si affectueux pour ses amis...

La journée s'achève sans résultat : on n'a pu entamer la résistance de l'ennemi, valeureux et résolu, fort de 2.000 fusils environ.

Le terrain, d'ailleurs, où se déroule cette action, est terriblement défavorable : c'est une vallée rocheuse, comme celle où nous progressons, et trop étroite pour que l'assaillant s'y puisse déployer. Les gens du Hansali, qui ont eu tout le temps de se préparer, ont aménagé en travers du ravin des retranchements inabordables, devant lesquels vient se faire faucher l'impétueuse cavalerie des Glaoua, et qu'on ne saurait tourner non plus, étant donné la disposition des lieux. Au soir de ce jour, la télégraphie sans fil nous annonçait que la harka avait eu 22 tués et 52 blessés ; et ces deux chiffres disent assez combien le choc avait été rude.

Cependant, M'hadach ould Faska, chef des Aït Atta, est venu enfin rejoindre la harka, afin de ne pas trahir tout à fait les engagements qui le liaient à El Hadj Thami ; mais il n'amène avec lui que des bribes de contingents, et encore, pas par l'Izourar, ce qui eût pu être capital au cours de l'action, mais par un chemin détourné, le tizi N'Aït Imi. Son rôle, pour autant qu'on puisse le discerner, aura été probablement tout autre que guerrier.

Le 6 septembre, après un jour de trève, le combat recommence, moins ardent, sans doute, car le moral de ces troupes indigènes résiste mal à un insuccès initial. La journée se solde par des pertes moins importantes que celles de l'avant-veille : 2 morts et 11 blessés. Mais on n'a pu progresser d'un pas dans cette étroite vallée, si bien barrée.

Surpris de cette résistance inattendue qu'il éprouve, troublé, peut-être aussi, de certaines inclinations qu'il sent confusément grandir autour de lui, le Pacha renonce à s'acharner, convaincu de l'inutilité d'un nouvel effort : la *baraka* du Hansali est plus efficace, décidément, que toutes les vaillances, que toutes les volontés. On rompt le contact; on se décolle, chose assez surprenante, sans difficultés : par l'intermédiaire du cheikh Moha ou Daoud, des Beni Iknifen, et du troublant M'hadach, on a négocié avec le Hansali. Sans être autrement inquiétés, les Glaoua se replient sur Azilal afin de s'y reconstituer.

Quant au Pacha, par le tizi N'Tiazzat et les Aït Abbès, il rejoignait, avec les éléments légers de sa harka, Bou Yahia, où le général Daugan l'attendait depuis le 1er septembre.

LA MARCHE SUR BERNAT

D'un bond, en effet, le groupe mobile du colonel Naugès, avec lequel marchait le général Daugan, avait atteint, puis dépassé l'objectif qui lui avait été assigné, n'ayant guère eu d'autre ennemi que la chaleur torride et le terrain abominable.

Pourtant, le Hansali devait nous attendre. Il avait constitué, sur l'oued Bernat, une harka où se mêlaient à ses contingents Aït M'hammed quelques centaines de dissidents des Aït Bou Ikhnifen, qui sont une fraction des Aït Atta du Sahara, défaillants comme on l'a vu, vis-à-vis du pacha Hadj Thami, et encore quelques Aït Abdi, tandis que les Aït Ougoudid guettaient du côté d'Igli N'leben. Seuls les goums et les harkas eurent affaire à cet adversaire, d'ailleurs peu mordant. Vers midi, alors que nous tendions, d'un pas lent, accablés entre un ciel implacable et des rocs brûlants, vers Bou Yahia, où nous allions camper, nous arrivèrent les échos d'une fusillade assez vive : les Entifa, qui opéraient sur les deux rives de l'oued Bernat, étaient attaqués des hauteurs dominant, à l'est, la vallée. Les deux goums, aux ordres du capitaine Chardon, qui assuraient à notre droite la liaison avec le caïd Ouchetou et ses partisans, et qui s'étaient avancés pour reconnaître Bernat et les crêtes voisines, foncèrent de front ; les Entifa tournèrent par le sud l'ennemi, qui résista mollement, et bientôt abandonna tous les abords du petit village. Nous continuâmes en paix notre chemin, au fond de la vallée, désormais, au bord de l'oued cascadant sur son lit rocheux, nous, ravis de trouver cette fraîche oasis, nos chevaux, ranimés, foulant aux pieds des millets tendres dont ils happaient, au passage, les touffes succulentes, ce qui est, d'après la légende et l'art, l'habituel revenant bon des palefrois de tous les conquérants.

Vers treize heures et demie, enfin, nous débouchions dans une sorte de cirque, ceint de collines moins âpres, festonné, sur la droite, du ruban d'argent de la rivière, et ennobli de deux magnifiques châteaux, deux *tighremt*, deux casbahs berbères, relevant encore d'un accent héroïque un austère et noble décor.

Massives, pyramidant vers l'implacable azur à la façon des pylônes égyptiens, — conséquence, sans doute, de nécessités de construction, à l'aide de ces pierres friables, assemblées seulement par un mortier d'argile, — leurs fauves murailles trouées d'étroites et rares meurtrières, elles apparaissent, de loin, rébarbatives, superbes, inquiétantes à souhait. On rêve de voir soudain poindre, sur leurs brutales tours carrées, leurs terrasses, leurs courtines et leurs chemins de ronde, à l'appel du guetteur drapé de blanc qui y veille, invisible, le flot gesticulant et hurlant des défenseurs aux masques de bronze.

Forteresses à la fois et greniers d'abondance de la tribu, elles sont divisées en une multitude d'alvéoles, et les gens, les notables surtout, je pense, y ont chacun leur chambre où ils amassent leurs pauvres richesses, leurs provisions de grains ou d'huile, comme, chez nous, les seigneurs opulents déposent leurs valeurs dans les coffres-forts d'une banque ; et chacun aussi a sa clef, une de ces clefs de bois, énormes et barbares, à clenches multiples tombant l'une après l'autre dans les encoches de serrures compliquées, inviolables. Et nuit et jour, une petite garnison, composée de gardiens renouvelés par roulement entre les hommes de la *djemâa*, guette, du haut des tours.

Mais aujourd'hui, ces deux *tighremt* sont vides, vides de leurs provisions, qu'on a eu tout le temps d'enlever, de transporter vers la montagne, vers quelque autre asile plus inaccessible ; vides et désertes : leurs sentinelles n'ont point attendu notre venue. Seul, accroupi au seuil de la première, grave, majestueux sous sa fourrure, un chat pensif, tout noir, comme le génie familier qui guidait jadis Dada Saïd, le premier Hansali, nous regardait passer, de ses yeux d'or plus surpris qu'effrayés.

Sur l'autre, deux formes voilées, debout, mystérieuses silhouettes blanches sur le ciel de flamme : ainsi Hécube, du haut des remparts illustres, contemplait, dans la plaine, les Achéens meurtriers d'Hector et vainqueurs d'Ilion.

C'était, nous avait-on dit, jour de souq à Bou Yahia; car cette cuvette, à l'abri des deux *tighremt*, est le siège d'un important marché; des logettes de pierres sèches y sont disposées pour abriter les pauvres éventaires des commerçants. Sans doute ont-ils transporté en quelque autre lieu leurs balances capricieuses. Nos partisans, déjà installés au bord de l'eau, sont les seuls indigènes que nous verrons ici.

Le général Daugan a choisi, pour y établir son camp, la même place qu'avait adoptée, en 1918, le général de Lamothe, et sa tente va occuper l'emplacement même où se dressait celle de son prédécesseur.

Comme nous procédions à nos préparatifs d'installation, on signale la venue vers nous d'une troupe imposante, piétons et cavaliers : sans doute les forces que le Hansali avait chargées de nous recevoir à notre arrivée ici. Il devait l'escompter seulement pour le lendemain, car, on l'a vu, le général de Lamothe, en 1918, avait mis deux jours pour atteindre ce point. La rapidité de notre marche a déjoué ce beau plan défensif ; et il en sera ainsi tout le long de cette colonne, où l'allure foudroyante de nos avances déconcertera chaque fois l'adversaire.

Du plateau où nous campons, nous dominons de haut la vallée de l'oued Bernat et les faibles hauteurs de sa rive gauche. En un clin d'œil, l'artillerie de 65 est en position ; déjà nos fantassins d'avant-garde ont ouvert le feu. Eux, devant, résistent très bravement, et il faut un tir d'une bonne heure, et 70 à 80 obus pour les disperser. Nous les voyons battre en retraite au delà de la crête d'où nous les avions vus descendre ; ils se replient vers la vallée de l'oued Ouabzaza, dont nous devinons, en arrière, les berges escarpées. Mais ils continuent à tirailler tout l'après-midi contre les Entifa, et la nuit même ils ne nous laisseront pas en repos.

Le site où nous allons vivre une

quinzaine est plus imposant que gracieux.

Nous avons pris notre premier repas, aux environs de quinze heures, sous un chêne vert rabougri, difforme, qui est peut-être l'un des plus beaux arbres de la contrée. Jamais je n'oublierai sa capricieuse silhouette. Il se dresse en face de la tente du Général, et c'est à son pied qu'aux longues heures de farniente, nous nous réunirons pour «giberner», fouiller l'horizon, rêvasser, au grand scandale des petits lézards bronzés qui en étaient jusque là les hôtes légitimes et paisibles, et qui nous regardent avec des yeux stupéfaits, indignés, nous défiant jusqu'à nous venir frôler.

Devant nous, c'est un entassement de croupes pierreuses, de loin en loin mouchetées d'arbres ronds, roulés en boule comme des hérissons, parfois assemblés en vagues fourrés, en boqueteaux clairsemés, ombreux à peine, mais propices aux rampements ; c'est une suite de degrés s'échelonnant, distincts, sur vingt à vingt-cinq kilomètres de profondeur ; puis, insensiblement, leurs arêtes, vives ou émoussées par les vents et les orages, s'estompent, disparaissent dans les tremblantes brumes montées des vallées torrides ; et de ce vague chaos, deviné plutôt qu'entrevu, surgit, dressée sur un socle de contreforts onduleux, fauves, la cime altière de l'Azourki, taillée à facettes, tel un brillant, burinée de ciselures d'ombre qui sont des abîmes, peut-être, vision obsédante à nos yeux, de l'aurore aux ténèbres, comme le cratère neigeux du Fujiyama dans les estampes japonaises, et d'aussi décorative silhouette ; mont hautain, impassible sous les baisers brûlants du jour comme sous les tendres caresses des nuits lunaires. Quant au Ghat, ce n'est plus, vers le sud-ouest, qu'un dôme bleu entre deux cônes aigus.

Pendant d'interminables heures, nous aurons tout loisir d'étudier ce grave et opprimant paysage. Les jeux variés de la lumière, aux différentes heures, nous en révèleront, un à un, tous les détails : à droite et à gauche de l'Azourki, deux pistes, embryons de futures routes impériales, s'enfonçant vers l'inconnu, vers les solitudes brûlantes, par le tizi N'Tirrist et le tizi N'Tiririt, celle-ci jalonnée de casbahs fauves qui nous apparaissent surtout le soir, alors que le soleil déclinant les glace d'un rehaut d'or, et qui veillent sur le chemin de transhumance des Aït Atta du Sahara, en partie nos alliés, en partie dissidents, ces mêmes Aït Atta qui ont si vilainement manqué de parole à notre ami El Hadj Thami.

A gauche encore, à de certains jours, la lumière défaillante du soir nous souligne, dans une échancrure du coteau, la falaise qui borde la rive opposée de l'Ouabzaza, d'un rose velouté de terre cuite, couronnée d'une verdure pâle, harmonie colorée indicible, qui rappelle les savants raffinements des impressionnistes de naguère, ou, mieux, ce joyau délicat qu'est, au Prado, la *Prairie de San Isidro*, de Goya.

Nous contemplons de là de candides aubes vermeilles et des soirs d'airain rutilant et de flammes, qui parent de splendeurs inouïes ces croupes arides cuirassées de schistes, ce désert rocailleux et calciné.

Au delà de ces monts, quel mystère?

Cet oued Ouabzaza, dont nous suivons le cours derrière les crêtes qui le bordent, au pied de ses falaises, s'en va, d'un cours sinueux, vers l'Ahansal, affluent lui-même de l'oued El Abid, dont nous pourrions, d'ici, situer la source, vers le nord-est.

« Les sources de l'oued El Abid, affluent de l'Oum Er Rbia sont, comme celles de ce fleuve, dans une contrée sauvage, boisée, infestée de lions et de panthères », écrivait Charles de Foucauld dans ses *Reconnaissances au Maroc*. C'est la vieille croyance à un Atlas couvert encore de forêts impénétrables, et que contredit, à nos yeux, la désolante apparition de ces monts chauves, sinistres, aux flancs desquels la lente promenade des ombres des nuages, par les jours clairs, ou des taches lumineuses filtrées par les ciels voilés, et glissant comme les pinceaux des projecteurs, mettent quelque apparence de vie et un charme fugace.

Si l'on en peut croire des racontars venus de si loin, et qui, à passer de bouche en bouche, revêtent des allures de légendes, certaines des populations qui habitent ces solitudes inaccessibles en seraient encore à peu près au stade de civilisation des hommes de l'âge des métaux, ignorant l'art de faire du pain, et se contentant de faire cuire une sorte de bouillie de grains broyés entre des pierres, — nantis pourtant quelquefois de fusils à répétition.

Mais peut-être en est-il de ces peuplades attardées comme des pygmées de la Fable, comme des forêts et des fauves de l'Atlas ! Des mythes !..

JOURS D'ATTENTE

Quinze longs jours vont s'écouler pour nous à peu près vides, dans l'attente de la harka du Glaoui. Nous avons d'elle, d'ailleurs, des nouvelles quotidiennes, que nous apporte la télégraphie sans fil. Nous suivons ainsi sa lente concentration à travers un pays pas très sûr, son arrivée chez les Aït Bou Guemmez, et nous apprenons les premières soumissions. Puis nous parvient, à deux jours d'intervalle, le résultat des combats infructueux du 4 et du 6 ; après quoi, les armes s'étant révélées impuissantes, c'est la période des obscures et traînantes négociations où les deux adversaires, par l'intermédiaire d'un complaisant et vague ami commun, vont s'appliquer à rivaliser d'adresse et de cautèle. Et c'est en vain qu'alors, allongés à l'ombre de « l'arbre aux lézards », nous guetterons, dans la torpeur des silencieuses après-midi, le grondement lointain du canon.

Avant que la chaleur se lève, le matin, ou bien au crépuscule, alors qu'elle est tombée, suivant un compagnon d'élection, l'interprète principal Reymond, si courtois, si disert, si attachant, ou encore le capitaine aviateur Bouscat, agent de liaison entre le général et la « cinquième arme », naguère étudiant en Sorbonne, fin lettré et homme exquis, j'erre, en quête de distractions, à travers le camp, vers le souq, le marché ambulant qui accompagnera jusqu'au bout la colonne, et où l'on trouve, apportés par de pratiques fellahs des alentours, plus soucieux de leur gain que de l'honneur de la montagne, des fruits rafraîchissants aux lèvres, des raisins dignes de Chanaan, et aussi, venus des villes à prix d'or, de tièdes alcools et des épices, des bougies et du papier à lettres, du tabac quelquefois, et de douteuses parfumeries : tout un bazar en miniature, groupé autour des temples hasardeux où de nostalgiques hiérodules entretiennent aux pieds divins d'Aphrodite d'Or, d'indignes et vacillantes flammes.

D'autres fois, nos promenades à l'aventure nous emmènent vers la vallée, où veillent toujours les deux *tighremt*, occupées désormais par des garnisons de tirailleurs ; vers le lamentable village de cahutes tassé dans leur ombre, si chétif qu'il ne nous était même pas apparu, de prime abord, et dont les toits de brindilles et de roseaux n'abritent plus que quelques épaves de toute l'humanité qui vivait là, un vieillard impotent et un enfant dans les langes, deux femmes chenues, hébétées, tous trop faibles pour avoir pu suivre l'exode de la tribu désormais errante.

Mais le tableau entre tous attrayant, où les yeux se pourraient attarder, amusés, de longues heures, et qui enchanterait un peintre orientaliste, s'il en existait encore sans qu'on le sût, est au bord de l'oued. Tout le long du jour, du réveil à l'appel du soir, c'est un continuel va-et-vient, un grouillement ininterrompu d'hommes et de bêtes, au bain, au pansage, à la lessive, à l'abreuvoir. Au pied des grandes marches de schiste escaladant monumentalement le coteau, dans des vasques rocheuses creusées, dirait-on, à l'usage des Oréades des monts voisins, sur des seuils d'où l'eau retombe en cascades d'argent, comme des degrés d'une nymphée, se mêlent des pelages ruisselants et des corps nus parés, par la lumière, de la splendeur divine des héros, les sombres bronzes des Africains, Arabes dorés, Tropicaux noirs, s'opposant, ainsi qu'en un tableau bien ordonné, aux marbres incarnats des blonds Germains de la Légion ; et le grand soleil irise ces chairs mouvantes d'insaisissables et tendres reflets.

Qu'on ne croie pas, d'ailleurs, que le camp entier fût aussi inactif que moi-même.

A peine avions-nous achevé, sous

notre yeuse, le premier et sommaire déjeuner, que j'entendais parler déjà de projets de pistes, la première, instantanément commencée, destinée à permettre au 75 de monter jusque sur ce plateau de Bou Yahia. Et déjà le « quotidien » du 2 septembre porte : « Commencement des travaux de pistes ; délimitation par le Général commandant le G. O. de l'emplacement du nouveau poste de Bou Yahia et piquetage de cet ouvrage ».

Car le premier soin du chef, ici, est de se relier à l'arrière par un chemin sûr, praticable d'abord aux arabas, bientôt aux camions automobiles, par où lui arriveront ses ravitaillements, au besoin ses renforts ; le second, de manifester de façon certaine, à l'adversaire, sa ferme intention de demeurer, quoi qu'il arrive, sur la position conquise : on élève en hâte quatre murs solidement bastionnés, bien défendus de barbelés, et, afin qu'ils soient vus de plus loin, on en badigeonne le faîte de chaux éclatante. C'est ce qu'on a appelé « la politique de la pierre », un langage symbolique dont le Chleuh avisé comprend à merveille la claire signification.

Ce sera encore l'une de nos distractions quotidiennes que d'aller vérifier l'état d'avancement des travaux du fortin, et, les premiers jours, tant qu'une trop longue chevauchée ne sera pas nécessaire, ceux de la piste.

Ce sont, naturellement, les légionnaires, dignes en cela comme en tout du beau nom qu'ils héritèrent de Rome, qui sont les meilleurs artisans de ces ouvrages de pré-colonisation. Excellents ouvriers, pour la plupart, adroits à manier la pioche et la truelle, endurcis à la fatigue, c'est plaisir de les voir travailler, avec une régularité sans hâte et sans fièvre, d'un rythme toujours égal. Les tirailleurs marocains les secondent de leur mieux, et, tandis que le bataillon Lambert (1-4) va édifier le poste de Bou Yahia, le bataillon de Corta (3-4) est sur la piste avec les 2me et 3me bataillons du 62me tirailleurs marocains (commandants Toussaint et Taillemitte).

Aux indolents Sénégalais, — puisqu'aussi bien l'on englobe sous ce nom tout conventionnel les troupes noires, — on a laissé les menus travaux du camp, aménagement des pistes d'accès, construction, autour des tentes, de murettes de pierres sèches qui ne seront pas, pour nos sommeils, une vaine protection, au moins les premières nuits, troublées par de multiples attaques.

Dès la première nuit qui suivit notre arrivée, quelques groupes étaient venus tirailler sur le camp. La seconde, ce fut plus sérieux ; la fusillade dura une grande demi-heure ; maintes tentes furent trouées, deux hommes blessés, des animaux tués. Encouragés par l'impunité, — car on daignait à peine leur répondre, — les Chleuhs s'avancèrent une fois, dans l'ombre, à moins de quarante mètres du fortin, sur la face du camp que gardait le bataillon Lambert ; ils se glissaient sans bruit, rampant parmi les pierres, la *koumia* aux dents, dans l'espoir de surprendre et d'égorger quelques sentinelles et de remporter deux ou trois fusils. Tout ce beau cran fut dépensé en pure perte ; les grenades, les armes automatiques entrèrent en jeu, et l'on sut, de source certaine, qu'elles avaient produit leur effet.

Un soir que je dînais à l'accueillante table du commandant Lambert, en plein air, à l'abri du feuillage familier d'un vieux frêne noueux, les montagnards, abrités dans un taillis, de l'autre côté du ravin, eurent le caprice de faire le coup de feu avant même la nuit tombée, tandis que sonnait, en fantaisie, comme presque chaque soir, au bataillon, l'extinction des feux. Des éclairs rouges jaillirent sous bois. Pas un coup ne répondit, la consigne étant donnée de ne pas gaspiller les munitions. Le lieutenant de service, ému de tant d'audace, s'étonna, s'en vint auprès du commandant prendre ses ordres : la consigne fut maintenue, inflexible, et le cor continua d'épandre dans les crépuscule sa voix mélancolique. Ainsi, pendant toute une semaine, peut-être, se répétèrent ces vaines et puériles tentatives, qui ne pouvaient avoir d'autre but ni d'autre résultat que de sauver l'honneur de la montagne ; puis l'ennemi se fatigua et nous laissa jouir de nuits paisibles.

Il avait avec nous moins de tranquillité. Car notre aviation de bombardement ne demeurait guère inactive, visant un jour quelque rassemblement signalé par les observateurs, un autre des troupeaux pâturant hors de l'atteinte de nos shrapnells. De quels regards amusés nous regardions passer le vol des grands oiseaux scintillants dans l'azur qui flamboie, songeant à l'entorse qu'allait subir, du fait de ces agressions, le prestige du Hansali !

Il vint pourtant un jour où notre

plaisir fit place à de l'angoisse : d'une escadrille qui s'en allait déverser, dans les vallées de l'Ouabzaza et de l'Aqqa N'Temda, quinze à seize cents kilos d'explosifs, nous vîmes, dans l'espace limpide, se détacher un avion vacillant, blessé, évidemment, qui s'abattit, en un clin d'œil, sur le sol, derrière une crête, hors de vue, à une dizaine de kilomètres au S-S-E du camp, dans la direction même où, d'après les Renseignements, se trouvait le Hansali. Ce fut une stupeur, une consternation, quand on songea aux conséquences possibles de l'accident, au parti qu'en pourrait tirer, auprès des gens crédules qui l'entouraient, l'astucieux marabout. Sans aucun doute, il ne manquerait pas d'attribuer à son pouvoir surnaturel, à sa *baraka*, cet avantage pourtant fortuit. De quelle ardeur nouvelle, alors, n'allait-il pas galvaniser ses tribus, au moment même où certaines d'entr'elles commençaient d'entamer des négociations ? Une première version qui nous parvint, prétendit que l'avion désemparé était venu s'abattre aux pieds mêmes du sorcier. Mais, plus tard, nos espions n'apportèrent aucun écho d'un drame qui eût eu, s'il avait été connu, un bruyant retentissement ; d'où l'on conclut que l'avion avait dû tomber hors de la vue de l'ennemi, occupé ailleurs, soit dans quelque ravin inexploré, soit sur une crête déserte.

Cependant, les nouvelles quotidiennes que l'on recevait du Glaoui étaient peu exaltantes.

Tantôt, pourtant, il nous semblait discerner, vers le sud, le grondement sourd de ses canons ; la dépêche du soir démentait ces incertaines sensations. Après les deux engagements dont on a vu plus haut les résultats négatifs, aucun bruit d'armes ne devait plus nous arriver. Dès le 8 septembre, le Pacha était entré en pourparlers avec le Hansali, par les deux intermédiaires que j'ai dits, Moha ou Daoud, cheikh des Aït Bou Ikhnifen et M'hadach.

Ce ne dut pas être sans un profond serrement de cœur qu'il se résigna à abdiquer le rôle héroïque qu'il avait ambitionné de jouer. La résistance, pourtant, devant lui, tendait à s'affaiblir. On nous affirmait que Si Hoceine Outemga, inquiet de la marche du groupe mobile de Tadla, avait renvoyé dans leur bled, pour faire face à cette menace nouvelle, les contingents qu'il avait lancés contre les Glaoua. Mais des forces obscures étaient entrées en jeu, de ces impondérables devant lesquels se fondent, comme neige au soleil, les résolutions les plus viriles. Les plus vieux sentiments qui agitèrent les cœurs des hommes, à l'aube des âges, en présence des menaces de la terre et du ciel, et les prosternèrent, tremblants d'une religieuse terreur, dans le limon, aux pieds de l'Inconnu, ces mêmes sentiments éternels avaient envahi soudain ces guerriers éprouvés. Si intrépides devant les balles, ils se sentaient désemparés en présence de cet insuccès que n'avait pas mérité leur vaillance, et, inclinant à l'attribuer aux maléfices du sorcier d'Ahansal, inquiets, ils se laissaient gagner par un superstitieux émoi.

Leur chef, cependant, demeurait d'âme égale et toujours chevaleresque, même devant les doutes qui l'auraient pu troubler, même devant certaines défaillances de fidélité, confusément pressenties : El Hadj Thami demeurera, dans la mémoire de ceux qui l'ont approché, comme un des hommes les plus attachants du Maroc nouveau, et ce serait une tâche bien faite pour séduire un écrivain de talent, que de brosser, quelque jour, une image véridique de cette figure tant de fois ébauchée. Pour un tel portrait, les croquis pris en ces jours de crise que vécut le Pacha en face du Hansali seraient d'inappréciables documents. Mais qui saura jamais quels drames profonds se jouèrent, en ces heures-là, au milieu de ce camp frémissant, hanté encore de l'ombre sanglante d'Abd El Malek, de l'ombre éplorée de Si Madani ?

DIPLOMATIE - MAÇONNERIE

Nous serions presque mieux renseignés sur ce qui se passe chez l'ennemi. Il ne doit pas, non plus, ignorer ce qui se fait chez nous : l'espionnage, eût professé M. Prud'homme, est une arme à double tranchant. Les émissaires qui nous arrivent, presque quotidiennement, de l'autre côté de la vallée et des collines, ne manquent évidemment pas de jeter un coup d'œil autour d'eux, dans notre camp. Ainsi le Hansali suit sans doute, d'un peu plus loin que nous, mais avec une précision égale, les progrès de notre poste, dont les murs s'élèvent avec une célérité prodigieuse, jaillissent du sol, dirait-on, à la façon de ces ermitages miraculeux qu'on rencontre en ma Bretagne, et qu'à en croire les légendes, édifièrent en une nuit, de pieux solitaires qui remuaient le granit avec le signe de la croix. Dieu sait, pourtant, si nos légionnaires sont de tels saints !

J'ai assisté, un matin, à l'arrivée et à la réception au « bureau » de l'un de ces obligeants émissaires qui faisaient la navette entre les deux partis.

C'était un beau vieux Chleuh des Aït Bouzid, au masque recuit, raviné, encadré d'une vénérable barbe blanche en éventail, et portant avec une dignité de patriarche des haillons très nobles, souillés de la poussière des journées de labeur dans les glèbes, des nuits sur la dure. Mais des yeux !.. Ah ! fiez-vous, après cela, aux discours des poètes !

... Aux yeux des vieillards on voit de la lumière !

Je crois n'avoir jamais rencontré un regard plus chargé d'astuce et de duplicité que celui de ces deux prunelles noires, embusquées derrière des paupières clignotantes. D'ailleurs, sur tout le masque, un sourire matois, mais béat, et révélant une inconscience magnifique : le meilleur fils du monde, en vérité !

Et ç'avait été pourtant un vaillant soldat : les marques de vingt blessures, qui criblaient son corps, l'attestaient, sa tempe gauche trouée d'un gouffre, deux doigts et demi manquants à sa main droite, l'avant-bras traversé de part en part d'une balle, — et tous ces atouts reçus de nous, ou de nos amis, et raccommodés, guéris, que bien que mal, par on ne sait quels sorciers de tribus !..

Pour parvenir jusqu'à cette tente, au seuil de laquelle il était reçu, et en homme qui sait les mots de passe, il avait ceint son front de laines multicolores, où dominait le rouge, couleur distinctive, on se le rappelle, de nos partisans ; et il portait en bandoulière un fusil, présent du commandant Orthlieb, dans son *chkara* de maroquin fauve une poignée de balles provenant de la même générosité. Il jura, du moins, qu'il n'en avait pas tiré une seule contre nous, qu'on les pouvait compter; puis, son sourire se faisant plus cynique, il déroulait un pan de son *selham*, soigneusement retenu jusque-là d'une main, et nous montrait les taches de henné dont l'avaient badigeonné, comme d'un stigmate d'infamie, après le combat, les femmes de la tribu, qui suivent les guerriers au *baroud* et jugent de leur vaillance comme de leur couardise. En vain il avait essayé d'enlever ces macules déshonorantes : la laine souple était humide encore de l'eau dont il l'avait lavée ; mais, comme sur la tache sanglante de lady Macbeth, l'Océan tout entier, et tous les parfums de l'Arabie eussent passé sur cette souillure orangée sans l'effacer.

Enfin, on lui compta le prix de sa trahison, et il repartit. A quelques kilomètres de là, avant de rentrer au milieu des siens, il allait enlever de son front impavide la cordelette de pourpre qui, pour venir jusqu'à nous, lui avait servi de sauf-conduit.

Dans ce cirque de rocs, la chaleur, le jour, est accablante. Vers la méridienne, régulièrement, nous voyons se dresser, aspirant la poussière et le sable, une tornade d'air surchauffé, pareille à la nue ardente que suivait au désert Israël, mouvante colonne qui fait en quelques instants le tour de l'horizon, puis chancelle et s'écroule. Mais les nuits profondes et lumineuses, où la voie lactée s'élève, d'une courbe élégante et souple comme l'anse tressée d'une corbeille, à des hauteurs insoupçonnées, les nuits sont d'une inexprimable séduction. Leur charme tient éveillés, longtemps après que s'est tue, au couvre-feu, la voix frémissante du cor, les partisans, dont les camps, sur les collines, autour de nous, s'étoilent des flammes rouges des bivouacs ; et quand, au bout de quelques jours, s'est calmée la fureur guerrière de l'ennemi, et qu'on peut reposer en paix, des chants lointains, insaisissables, bercent nos premiers sommes.

Chaque matin, à peu près, je l'ai dit, nous montons vers le poste en construction. Il est, de jour en jour, quasi méconnaissable. Ses murailles s'élèvent à vue d'œil sur une fondation d'un mètre de largeur, en belle maçonnerie de pierres grises, avec des parements bien dressés, artistement réticulés, dignes de plus experts bâtisseurs. Sur ce plateau dénudé, où les arbres poussent si péniblement, tordus par la douleur de vivre entre l'âpreté des hivers et l'ardeur des étés, les moëllons, en revanche, abondent. Ce sont de beaux schistes, clivés en larges dalles si régulières, qu'on les dirait parées par le tailleur de pierres, et historiés, ça et là, par les coquilles d'espèces abolies, de délicates et mystérieuses inscriptions. Et pour l'oisif que je suis, c'est une délectation que pimente un soupçon de remords, que de voir aller et venir, chargés à pleins bras, ces travailleurs aux torses nus et moites, le képi sur l'oreille.

Afin d'exciter leur émulation, le Général leur a promis des primes : 200 francs à la compagnie qui élèvera la face la plus parfaitement réussie, la mieux et la plus rapidement construite ; 100 francs à la deuxième ; 50 francs à la troisième.

Or, le neuvième jour après notre arrivée, à dix-huit heures, il était convié à venir remettre ces primes : le poste, dans son gros œuvre, est achevé ; les quatre murs de l'enceinte sont arasés à la hauteur indiquée. Sur la face ouest s'ouvre un porche qui peut presque prétendre à l'épithète de monumental, avec ses deux piliers à pyramidions. L'ouvrage entier est établi conformément à toutes les règles du génie : à l'intérieur, une banquette de tir ; à l'extérieur, des réseaux barbelés, artistement combinés pour déverser l'assaillant dans le champ de tir des mitrailleuses. Plus tard, des créneaux couronneront l'enceinte, ajoutant à son aspect martial. Enfin, on a déjà commencé à établir les fondations des plateformes de deux pièces de canon qui complèteront l'armement de cette imposante bastille. Et le Général est si satisfait du résultat, si embarrassé pour établir, entre les quatre équipes de travailleurs, un ordre de mérite, qu'il décide de décerner quatre primes de 120 francs, avec une surprime de 20 francs pour la compagnie qui a érigé la face est, et qui, dirigée sans doute par des maçons émérites, a fignolé son parement avec un art consommé.

Quant à la piste, en dépit des allées et venues des convois, dont le passage a si souvent interrompu les travailleurs, le septième jour, au soir, elle atteignait le douzième kilomètre.

Le Hansali nous avait pourtant fait avertir, charitablement, le digne homme ! que jamais nous ne pourrions nous maintenir dans ce pays trop pauvre,où il ne nous fallait pas songer, surtout, à établir un poste. Il manque au moins à ce marabout le don de prophétie.

Nous continuons de tourner en rond, du pittoresque abreuvoir de l'oued Bernat, du vallon où, désormais, se tient un souq quotidien, approvisionnant tirailleurs et goumiers de fruits et de légumes, aux camps des Entifa et des Aït Outferkal, émaillant de leurs tentes candides, comme des champignons la prairie, les pentes inféconde qui dévalent autour de nous. Mais s'éloigner du camp serait folie, et le mol horizon de collines bondissantes qui, par d'insensibles degrés, conduit le regard jusqu'à l'imposant Azourki, jusqu'à la chaîne inviolée de l'Atlas, est pour nous l'inaccessible.

BAROUD

Cependant, nos voisins d'en face nous gênent, ou plutôt nous agacent un peu. A chaque instant on signale des rassemblements hostiles, se reformant après chaque raid d'avion. Ils énervent aussi nos bons partisans, qui, un après-midi, le 11 septembre, ont la curiosité d'aller voir ce qui se passe exactement, et lancent devant eux une petite reconnaissance qui ne serait pas fâchée, peut-être, de ramener quelques moutons. Elle ne va pas bien loin avant de recevoir les premiers coups de feu. Alors, alertés, les

Entifa s'ébranlent en masse, courent à l'ennemi. Les pentes, parsemées de petits bois d'où partent les éclairs de la poudre, s'animent d'un blanc fourmillement. Sur la crête s'enlève, immobile comme une silhouette de tir, dans le ciel de flamme, un cavalier superbe, quelque chef dominant le combat comme dans une bataille romantique. Tout l'après-midi, c'est une fusillade assez vive, que soutient, en sourdine, le canon du camp. La tombée de la nuit, seule, a séparé les combattants. Sans panique, en guerriers éprouvés, les Entifa se sont décrochés, confiants, d'ailleurs, dans la protection de l'artillerie, et, au pas de leurs vifs chevaux, ils ont regagné leur camp, en face du nôtre, bien sûrs d'avoir causé à l'adversaire plus de dommages qu'ils n'en avaient reçus : ils avaient en tout trois blessés, dont un, malheureusement, traversé en largeur, d'une épaule à l'autre, succomba, en brave, à cette épuisante blessure par où avait coulé tout son sang généreux : c'était, je crois, le frère ou le beau-frère du caïd Ouchetou. Le soir même, celui-ci écrivait au général Daugan une belle lettre cérémonieuse, où il lui faisait part de ce deuil glorieux, de cette mort superbe « pour le Maghzen ». Et le lendemain, il nous accueillait, deux ou trois amis et moi, sous sa tente, impassible, le front serein.

Sur ces entrefaites, la nouvelle arriva que deux harkas dissidentes étaient installées aux bords de l'oued Ouabzaza, à cinq ou six kilomètres au sud-est de notre camp : le général Daugan chargea le colonel Naugès de « nettoyer le terrain ». Le 13, on procédait à cette opération de police, qui devait prouver, en outre, à l'adversaire, que nous gardions toute liberté d'allures et l'initiative de l'action.

Les Chleuhs devaient s'attendre à cette attaque. Ils s'étaient habilement fortifiés. Sur les pentes qui s'élevaient en glacis devant nous, ils avaient creusé des tranchées, élevé des murettes qui allaient donner à nos troupes quelque misère.

« L'affaire, dit le compte-rendu officiel de la journée, avait été remarquablement préparée par le colonel Naugès ». Elle fut menée avec un superbe entrain par les troupes qui y participèrent.

Elle se déclencha vers dix heures et demie.

Trois bataillons y furent engagés : deux de la Légion, le bataillon Lambert et le bataillon de Corta, et un de tirailleurs marocains, commandant Toussaint, plus deux goums, capitaine Paul et lieutenant Paulin, et deux escadrons de cavalerie, sous le commandant de Beauchesne ; enfin, une batterie de montagne et les habituels engins d'accompagnement.

L'artillerie du camp, 75 et 65, allait soutenir l'action. Deux harkas des Entifa couvraient les ailes, au cours de l'opération ; on les entendit s'ébranler avec de grands cris.

Le combat fut extrêmement dur. Nous le suivîmes de notre observatoire, à l'ombre du « chêne aux lézards ». Et, dans cette plaine torride, où fumait une buée chaude, il nous semblait contempler une de ces aquarelles, de ces études peintes, où les peintres soldats du premier Empire, les Bacler d'Albe, les Lejeune, les Thévenin, ont fixé avec une précision, une minutie saisissantes, les phases mémorables des glorieuses batailles de l'Epopée. On avait l'impression d'assister à un épisode isolé d'une grande affaire.

Il fallut enlever successivement, sur certains points, jusqu'à trois lignes de retranchements, qu'on aborda à la baïonnette, et qui furent désespérément défendues. On conquit pas à pas un terrain admirablement organisé : ces gens, encore une fois, ont dans le sang l'art de la guerre.

A un coude que fait la rivière, ils avaient tendu une embuscade : les troupes descendues dans la vallée, et qui remontaient, par la rive gauche, vers le confluent de l'Akka N'Temda, furent soudain en butte à un feu intense. On se battit héroïquement de part et d'autre. Le seul bataillon Lambert, dont la tenue fut particulièrement remarquable, laissa devant lui, pour sa part, sur un point, de trente à quarante morts, fauchés à la mitrailleuse. Les obus fusants ou explosifs dispersèrent un à un les groupes que signalaient les avions, secondant eux-mêmes de leurs bombes l'action de l'artilleur.

Le « nettoyage » sembla complet ; les ouvrages établis par les Chleuhs furent détruits ; deux casbahs qui se présentèrent furent mises à mal. Les objectifs avaient été exactement définis et ne devaient, en aucun cas, être dépassés. Tout se développa comme il avait été prévu, et le retour s'effectua ainsi qu'à la manœuvre, sur l'ordre de repli donné à quatorze heures. L'ennemi ne chercha pas à suivre : on laissait la vallée absolument nette en apparence. Pourtant, le lendemain matin, des guerriers blancs, isolés ou en petits groupes, reparaissaient sous bois, en reconnaissance, en observation.

Cette âpre journée nous avait coûté quelques pertes : cinq tués, trois légionnaires, un goumier et un tirailleur marocain, trente-six blessés, dont l'aumônier, le R. P. Laurent et deux officiers : un lieutenant français, M. Savary de Beauregard, un sous-lieutenant, Roumain d'origine, M. Mafteiu. Telle était la rançon d'un succès rapide et brillant. Notre soirée en fut tout attristée.

Le lendemain matin, le général Daugan allait remettre au lieutenant Savary de Beauregard, du 3e bataillon du 4e étranger, très grièvement blessé, la croix de la Légion d'honneur : équitable récompense d'une conduite magnanime.

Le lieutenant de Beauregard appartenait à la compagnie qui marchait en arrière de la flanc-garde gauche de la colonne légère.

Les tranchées prises d'enfilade, l'ennemi repoussé, nos troupes remontaient, comme on l'a vu plus haut, la rive gauche de l'oued Ouabzaza ; mais l'ennemi, se reformant sur la gauche, s'attaqua, avec infiniment de mordant, à la harka qui nous couvrait de ce côté. Nos partisans semblaient fléchir : la compagnie du lieutenant de Beauregard les appuya. Au cours de cet engagement, le lieutenant fut blessé au bras.

Il ne voulut point, pourtant, s'arrêter, continua d'entraîner ses hommes en avant. C'est alors qu'une seconde balle vint le frapper, lui traversant de part en part la poitrine. Il demeura debout encore à son poste de combat, inébranlable, jusqu'au moment où, terrassé par une abondante perte de sang, il défaillit.

On le transporta à l'ambulance du camp, où les soins les plus dévoués lui furent prodigués. Tel était son état, que son évacuation eût été impossible, même en avion. Et pas un moment le médecin-major qui le soignait ne conserva l'espoir de l'arracher à la mort.

Afin de ménager l'émotion du blessé, l'émouvante cérémonie se déroula en silence. Les clairons demeurèrent muets à l'arrivée du Général, qui passa, recueilli, entouré de tout son état-major, devant le piquet d'honneur, et pénétra sous la tente marabout où était établie l'ambulance.

A la vue de l'insigne, la figure du lieutenant s'épanouit, éclairée d'un sourire ; et, aussi chaleureusement que le lui permettaient ses forces, il remercia le chef. Et nous croyions encore à la possibilité d'un miracle. Hélas ! le 16 septembre, — nous avions quitté le camp la veille, — vers cinq heures du soir, l'heure calme, alors que la petite garnison de Bou Yahia était sous les armes pour saluer le drapeau, qu'on allait arborer pour la première fois sur la redoute, le lieutenant Savary de Beauregard s'éteignait doucement : son nom, donné au poste qu'au prix de son sang il a aidé à conquérir, perpétuera, dans ces solitudes, sa mémoire.

Comme nous rentrions, bien émus, de la cérémonie qui s'était déroulée à l'ambulance, on signala la venue du pacha Hadj Thami, que révélait au loin, sur la piste, un nuage de poussière d'ocre. Nous l'attendions depuis la veille au soir, où l'on avait déjà préparé son dîner. En hâte, le Général envoya au devant de lui.

Il apparut bientôt au haut du sentier abrupt aménagé de la vallée au plateau du camp. Son neveu et khalifa, Si Hammou, l'accompagnait. Deux larges étendards, derrière lui, flottaient au vent. Un groupe de cavaliers magnifiques, ses fidèles, sa garde du corps, lui faisaient escorte. Lestement, il sauta de sa selle, recouverte d'une housse blanche, mit pied à terre, se dirigea vers la tente du Général, qui l'attendait au seuil et l'accueillit la main tendue. Mais cet accueil cordial n'éclaira point d'un sourire la figure du Pacha, qui était grave, visiblement préoccupé, le teint mat, comme pâli, sous le capuce relevé de sa djellaba claire, d'un mauve insensible, — car la *caïda* veut que le chef des Glaoua soit ou de blanc pur ou de noir vêtu, et la fantaisie des vêtements rayés, en usage pour les guerriers, lui est quasiment interdite, et cette nuance évanescente elle-même était presque une tricherie sur l'étiquette stricte.

Evidemment, El Hadj Thami conservait, vive et profonde, l'impression des jours pénibles qu'il venait de vivre, en pays inconnu, hostile, aux prises avec des difficultés qu'il n'aurait jamais soupçonnées, au milieu des intrigues, même : cette campagne était sans doute la plus terrible qu'il eût jamais faite, lui, l'homme de poudre éprouvé. Non qu'à aucun moment sa vaillance superbe eût été en défaut. Il s'était comporté avec son élégance, avec sa chevalerie habituelles. Mais cette mauvaise fortune persistante avait troublé, ébranlé sa magnifique confiance en la vertu du courage. Il lui avait semblé qu'une sorte de fatalité s'acharnait contre lui comme un sortilège. La puissance du Hansali lui apparaissait surnaturelle et l'inquiétait. C'était une sorte d'envoûtement, qui pesait sur sa volonté si souple et si constante, sur son âme confusément ébranlée, désemparée, à la dérive.

Quel abîme entre ses espoirs du départ et le résultat ! Nous l'attendions par le tizi N'Tiririt, peut-être, à tout le moins par le tizi N'Tirrist. Il nous arrivait par le tizi N'Tiazza, très en arrière. Et il n'avait pas même entrevu, de loin, la zaouia Ahansal et la mystérieuse casbah de son mortel ennemi, qu'il avait un moment rêvé de démanteler.

Lui et les siens semblaient sortir d'un cauchemar. Ce pays des Aït Bou

Guemmez, où les Glaoua avaient enduré tant de misères, où leur amour-propre guerrier venait d'être mis à une si rude épreuve, devait apparaître à ces esprits impressionnables comme une autre Thessalie, sinistre, frémissante d'avoir vu la fuite des Géants. Et sans doute y eut-il encore au camp d'autres drames, qu'il vaut mieux laisser dans le mystère...

Enfin, on s'était décrochés sans encombre, au prix de quelques négociations, d'une de ces trêves fallacieuses par lesquelles on sauve la face. Devant les avant-gardes du Hansali, Hadj Thami laissait une poignée d'hommes, une partie de ses harkas du sud, qui, d'ailleurs, ne durent pas tenir longtemps le rôle théâtral qu'on leur avait confié, d'autant que le pays était maigre et peu propice aux razzias.

Le projet du Général était de confier à la harka d'El Hadj Thami la garde du poste de Bou Yahia. Ce fut en vain qu'il s'appliqua à démontrer, j'imagine, au Pacha, que c'était là un poste d'honneur : le moral n'y était plus. Tant de dialectique fut épuisée en pure perte, se brisa contre cette terreur sacrée qui s'était emparée de ces hommes pourtant si braves. Ils voulaient bien nous suivre, courir avec nous nos chances, mais demeurer là, devant le marabout, exposés à ses maléfices, jamais! La mort, qu'ils avaient tant de fois dévisagée en face, les épouvantait moins que cette menace embusquée dans l'ombre, que ce ténébreux et incertain danger.

On laissa donc à Bou Yahia, — « Beauregard », désormais, — sous les ordres du commandant de Pascal, du 62e R. T. M., un détachement composé d'une compagnie du 4e étranger, du 14e goum, d'une section de 75 et de 100 hommes du tabor de Telouet, fief du Glaoui, avec un poste de T. S. F. et les éléments des divers services.

Tout le reste du groupe mobile allait se concentrer à Azilal, où se reformait la colonne appelée à marcher sur Ouaouizert, but de l'opération principale.

Notre dernier après-midi au camp de Bou Yahia fut consacré à rendre les suprêmes honneurs à nos morts de la journée du 13.

Ils étaient quatre : trois légionnaires, un Suisse, un Italien, un Allemand, et un tirailleur, un Marocain. Leurs fosses avaient été creusées dès le matin dans le cimetière ouvert de la veille, où reposait déjà un pauvre petit abandonné qui, tout seul au monde, sans affection, sans réconfort, s'était senti trop faible devant cette rude vie.

L'ardent soleil continuait de calciner ce bled austère.

Devant la tente où reposaient les quatre corps, rigides sous le suaire, des légionnaires rendaient les honneurs. On les vit présenter les armes. Les clairons sonnèrent aux champs. Le funèbre cortège s'ébranla, le général Daugan, avec le colonel Naugès, conduisant le deuil ; il gravit, parmi les pierrailles et les rocs, la pente de cette colline, désormais sacrée à nos yeux. Les brancards, que portaient de robustes camarades, c'étaient les mêmes lits sanglants sur lesquels ces braves avaient exalé leur dernier soupir ; à chacun une couverture grise servait de drap mortuaire, et des mains pieuses d'amis, cueillant sur ce plateau des palmes, quelques rameaux, à défaut de fleurs, en avaient formé, avec un art touchant, des couronnes, des gerbes, des croix. Ces funérailles au désert étaient d'une émouvante et profonde beauté.

On coucha le Musulman sur le côté, dans son étroite tranchée, la face tournée vers les Villes saintes, vers ce Levant que nous voyions, chaque matin, se parer de flammes roses. Ses frères s'accroupirent autour de la fosse qu'on comblait. Avec d'infinies précautions, de fraternelles tendresses, on allongea les trois autres au fond de leurs couches tièdes. L'hymne funèbre qui les avait accompagnés jusque-là s'était tu. En quelques paroles, le colonel Naugès, puis le général Daugan, exprimèrent à ces quatre humbles soldats la gratitude de la France. Les clairons, une fois encore, sonnèrent aux champs. Puis l'acte le plus impressionnant de toute cette cérémonie se déroula : lents, graves, la main au front, dans un suprême salut, les camarades, les frères d'armes, les voisins de rang, hier, de ces quatre morts, leurs compagnons de repos demain, peut-être, défilèrent à leurs pieds... Ah ! l'on croit, après avoir contemplé tant de grandioses et d'affreux spectacles, être à jamais bardé du triple airain ! Que d'yeux, pourtant, à cette minute, étaient humides !...

Le pacha El Hadj Thami, avec ce tact inné qui fait de lui un vrai grand seigneur, avait tenu à rendre hommage, avec nous, à ces morts héroïques ; accompagné de son frère affectueux, Si Hassi, de son neveu Si Hammou, et du brave caïd Ouchetou, il assistait à leurs funérailles. En harnais de guerre, les quartiers de ses belrahs relevés sur le talon, afin de mieux tenir à l'étrier, le Pacha était pensif, et des soucis chargeaient son front, au souvenir, sans doute, des sombres jours récents ; et il fallait s'efforcer, pour retrouver, derrière cette grave figure immobile, l'image de l'hôte accueillant du féerique palais de Marrakech, et son sourire d'exquise urbanité.

MARCHE
SUR BINE EL OUIDANE

Le 15 septembre, à l'aube, nous quittions le poste de Bou Yahia. La piste qui le reliait à Azilal et, par delà, à Marrakech, était achevée, et notre colonne allait l'inaugurer — après les convois, qui y circulaient depuis notre arrivée, — dans sa marche vers la base. Quant au fortin, il nous semblait solide à souhait, défendu, d'ailleurs, par des hommes au cœur vaillant, et qui n'allaient pas tarder à donner leur mesure. A peine, en effet, avions-nous abandonné ces lieux à la garde d'une compagnie de Légion et d'un goum mixte, que les Chleuhs se lançaient à l'assaut. La petite garnison, bien entendu, montait bonne garde et fut aussitôt alertée. Ce fut un combat selon toutes les règles de l'art, auquel il ne manqua pas même la prise à revers de l'assaillant. Car la *tighremt* du bord de l'oued était occupée, ayant pour mission d'assurer le libre accès à l'eau. Les indigènes qui la gardaient virent l'ennemi se ruer à l'attaque, passer, sans méfiance, au pied de cette casbah que, dans sa candeur, il jugeait abandonnée : à leurs créneaux, ils ne bougèrent pas, ne lâchèrent pas un coup de feu ; puis, la horde passée, engagée dans une vive action contre les défenseurs du poste, ils se jetèrent résolument derrière elle, la surprenant, et, en quelques coups de feu, déterminant sa déroute. Voilà donc quels auxiliaires nous conquérons à chacun de nos pas dans cet âpre pays, si propre à endurcir les hommes et à développer en eux les obscurs instincts de lutte !

Par les mêmes ravins, d'abord, d'où nous avions débouché en arrivant, puis par le plateau de Tissa, et à travers un pays volcanique, convulsé, cuirassé de laves rouges et de basaltes noirs, après une longue et harassante chevauchée encore, nous avons gagné Azilal.

Etabli en 1918, à la suite de la colonne des Aït Messat, ce poste présente aux yeux, de loin, une masse imposante de constructions, une véritable ville, dirait-on, aux murailles crénelées, belliqueuses, de très imposante silhouette : en fait, de près, deux enceintes distinctes, dont l'une, autour d'une antique casbah berbère, servant de poudrière, de magasin à munitions, abrite les casernements, les services administratifs du cercle, un mess confortable et accueillant, dont l'autre a été tout récemment construite pour protéger un important dépôt d'approvisionnements, un parc constitué en vue de la colonne d'Ouaouizert.

Au delà des fils barbelés du poste, commence immédiatement la zone insoumise, le « bled siba ». Mais, conformément à ce vieil usage, très en faveur chez les indigènes, que j'ai mentionné plus haut, et qui, au total, offre des avantages comme il présente des inconvénients, une trêve a été conclue à notre arrivée là, voici quatre ans, avec la tribu voisine, les Aït Ougoudid. Très loyalement, elle va être dénoncée par nous, à minuit, le

« jour J » où nous nous mettrons en marche : en fait, le 18 septembre.

La route que nous allons prendre est déjà préparée, amorcée, du moins. A l'entrée même de notre camp, qu'elle traverse, elle s'ouvre, annoncée par l'un de ces murs indicateurs qui, dans le Maroc entier, à chaque croisement de chemins ou de pistes, donnent tant de commodités aux voyageurs, et dont on apprécie mieux encore le bienfait quand on passe, par hasard, en Algérie, où ils font défaut. Celui-ci porte cette inscription : « Ouaouizert, 35 Km ». C'est l'étape que nous allons avoir à fournir, à nous ouvrir, plutôt. Car, en réalité, la route s'arrête à 7 ou 8 kilomètres de cette borne milliaire, à la maison du cheikh Ali Bou Addi ; à partir de là, il faut abandonner l'automobile et sauter en selle. Et cette amorce a été construite par les indigènes du bled avoisinant, qui en prenaient l'adjudication pour dix, quinze mètres, à raison de quatre francs le mètre. Heureux pays ! Viennent ici les « travaux publics », et l'on verra...

Le 19, après déjeuner, nous nous sommes engagés sur cette piste, qui doit nous conduire au but.

Parallèlement à la route, d'abord, puis, plus loin, à travers bois et ravins, on a commencé la pose de la ligne téléphonique qui reliera la colonne à l'arrière, complétant les communications par T. S. F. et par avions. Admirable prévoyance ! activité étonnante et caractéristique ! Il me souvient qu'en 1911, lors de mon voyage d'initiation au Maroc, ce furent les premiers poteaux télégraphiques aperçus à l'horizon, au sortir de la zone espagnole, vide et morne comme la Castille, qui me révélèrent que j'allais arriver, à El Arbaoua, dans le territoire soumis à notre influence.

Ces sapeurs télégraphistes travaillaient, d'ailleurs, en pleine zone dissidente, à deux ou trois cents mètres de la lisière des Aït Ougoudid, envers lesquels nous venions de dénoncer la trêve. Ni eux, ni nous, n'essuyâmes pourtant un coup de fusil. Aux environs de quinze heures, après quelques foulées, nous installions notre camp à Bou Salah dans un vallon d'églogue, le plus pittoresque, le plus boisé, le plus frais qui soit, tout fleuri de scilles blanches, annonciatrices de l'automne, et d'où nous avions, comme promenade, pour la fin de la journée, le choix soit de gravir un coteau en degrés dominant de vieilles casbahs rouges, blotties parmi les oliviers, soit de descendre vers une rivière aux rives molles, où se mirent des haies de peupliers chantants, et qu'animaient déjà de leurs ébats des animaux à l'abreuvoir et des hommes à la baignade.

Nous étions là chez les Aït Attab. C'est une contrée relativement très peuplée, et d'une fertilité magnifique. Nous nous y sommes installés en 1916, créant un poste qui a suffi à assurer à tout le bled de la tribu une féconde tranquillité. Ces pacifiques fellahs sont aussi, d'ailleurs, des guerriers excellents. Ils cultivent avec passion l'olivier et l'amandier, qui leur sont une source de richesses abondantes. Depuis que nous leur avons apporté la paix, ils ont à peu près doublé le nombre de leurs arbres. Ils ont imaginé une méthode de greffage des oliviers qui permet, paraît-il, un rendement plus rapide, et leurs amandes sont réputées. Des murettes innombrables, patiemment édifiées, maintenant des terrasses cultivées comme des jardins, témoignent de leur labeur appliqué. Pourtant, ils vont quitter tout cela, les casbahs quiètes, les champs opulents, pour nous suivre à la guerre : ce ne sont, autour de nous, qu'allées et venues de gens armés, et les contingents Aït Attab importants qui vont grossir la colonne se comporteront de façon à mériter le suffrage des plus exigeants en matière de bravoure, attestant ainsi leur loyalisme, mieux, leur gratitude.

Nous n'avons guère le loisir de nous amollir dans cette rustique Capoue : le 20, à la pointe du jour, le G. M. de Marrakech s'ébranlait, afin d'aller occuper Bine el Ouidane — « entre les rivières » — double confluent de l'oued Asemsil et de l'oued Ahansal avec l'oued El Abid ; et quand, à son tour, l'état-major du groupe d'opérations se mit en route, vers six heures, déjà il trouva occupées par les avant-gardes les premières crêtes à l'abri desquelles nous allions progresser.

Ce fut une rude journée, la plus dure de la colonne ; l'une des plus pénibles, sans doute, que j'aie connues dans ma vie aventureuse.

En quittant Bou Salah, le G. M. de Marrakech, qui frayait la route, allait suivre, comme axe de marche, l'akka. N'Aït Aloui, sous-affluent de l'oued El Abid. La vallée, assez étroite, est bordée sur ses deux rives d'une suite de mamelons, de promontoires assez abrupts, hérissés de casbahs qu'il fallait réduire l'une après l'autre. On progressait ainsi de crête en crête, on « pitonnait » comme dit l'argot militaire ; et c'était une marche sans agréments.

Le dispositif de la colonne avait été ainsi arrêté par le colonel Naugès : à l'avant-garde le bataillon de Corta (3e du 4e étranger), le goum du capitaine Paul, une batterie de 65 (capitaine Brantonne) ; en flanc-garde gauche, le bataillon Taillemitte (3e du 62e tirailleurs marocains) ; un peloton de cavalerie, une demi-batterie de 65 ; en flanc-garde droite, le bataillon Lambert (1er du 4e étranger), un demi escadron de cavalerie, une section de 65 ; gros, aux ordres du colonel commandant le G. M., le bataillon Toussaint (2e du 62e T. M.), un escadron, une batterie de 75 (capitaine Paradot), détachement du génie et pontonniers ; le convoi, sous le chef d'escadrons de

Beauchesne ; arrière-garde, enfin, le bataillon de Sénégalais de Gondy et un peloton de cavalerie. Le lieutenant-colonel Maurel assumait le commandement supérieur des bataillons de Légion. Et tout ce dispositif était encore éclairé et flanqué par cinq harkas, aux ordres du capitaine Chardon, du Service des Renseignements : à gauche, le gros des Aït Attab (100 cavaliers et 1.000 fantassins) ; à droite les Entifa du caïd Ouchetou (100 cavaliers et 500 fantassins) ; au centre, un détachement des Aït Attab (500 fantassins et 50 cavaliers), et la harka des Aït Outferkal (50 cavaliers, 200 fantassins) ; enfin, tout en arrière, nous couvrant et constituant une réserve disponible, la harka de Salah Aouragh, khalifa d'Ouchetou.

Jusqu'au dernier moment, le marabout d'Ahansal avait espéré conjurer cette nouvelle avance. La veille, un émissaire, un indigène nègre, qu'on voulut à peine entendre, était venu de sa part à Bou Salah, tandis que Hadj Thami lui-même, poursuivant toujours les négociations qu'il avait entamées avant de nous rejoindre, suggérait de différer, si l'on pouvait, l'attaque. « La parole est à la poudre », répondit le général Daugan, qui ne pouvait décemment traiter qu'avec le Hansali lui-même, ou par l'intermédiaire d'un parlementaire qualifié.

A peine étions-nous en marche, que nous voyions, à six heures et demie, nos partisans coiffer le mamelon coté 1.550, la première hauteur à enlever, et l'une des belles. Un peu plus loin, nous croisions quelques Aït Attab, ramenant une selle, un harnais, des armes: l'un des leurs vient de tomber, avec son cheval. Et bientôt nous apercevons, dans la plaine, au pied d'un bouquet de palmiers, de quelques arbres, un groupe agenouillé : des femmes, des amis, priant autour d'un corps étendu, recouvert d'un *selham* blanc.

On ne progresse qu'en combattant, et l'histoire complète de cette journée serait une longue suite de récits d'épisodes très mouvementés. Il fallut enlever de vive force chacune de ces casbahs accroupies, sournoises, bien gardées, aux flancs de la montagne, et, de proche en proche, les crêtes se couronnèrent de fumées d'incendie ; nos partisans étaient implacables.

Légionnaires, tirailleurs, goumiers, tous se battaient admirablement contre un ennemi digne d'eux, bien embusqué dans un pays terrible à aborder et facile à défendre. La marche fut lente et ardue. On devait nettoyer avec soin toutes les hauteurs, l'une après l'autre. L'aviation, pleine d'allant, protégeait l'avance, veillant avec les yeux innombrables d'Argus, guidant le canon, le secondant encore de ses bombes dans les passages trop résistants, voire de ses mitrailleuses dans la poursuite.

Vers onze heures, on signala, vers l'horizon, dans la brume d'or, l'apparition charmante d'Ouaouizert, lointaine, voilée de verdures sombres, au milieu desquelles on distinguait, à la jumelle, la zaouia ou la mosquée, toute blanche ; et tout cela semblait s'offrir à nos désirs tendus, dans une conque verte et rose où tremblait le fil d'argent d'une rivière, et d'où surgissait un mamelon ocreux, une *gara* couronnée d'une casbah, pareille à l'ombon d'un bouclier antique.

L'après-midi, la fusillade et le canon s'arrêtèrent, et un moment, aux environs de quatorze heures, nous trouvâmes quelque tranquillité.

Nous avions atteint l'Ighir N'Isli, une étrange falaise, enfoncée ainsi qu'une étrave dans la vallée de l'Asemsil, une proue de roc où l'on accédait par un escalier de géants, aux degrés cyclopéens. De ce belvédère, on apercevait, miroitant dans une plaine verdoyante et boisée, les méandres des deux oueds, l'Ahansal et l'oued El Abid, scintillant, sous un ciel soudain voilé, comme un brocart terni. Mais, de cet Horeb pour atteindre ce Chanaan où nous tendions, quelles épreuves !

Des heures qui suivirent, j'ai gardé le souvenir d'une sorte de rêve morne, inquiétant, à de certaines minutes tragique. Tout, autour de nous, la fatigue aidant, car nous étions excédés, contribuait à nous donner la sensation d'une vie hallucinée, d'une nuit hantée de mauvais songes.

Le ciel, tout à coup, s'était empli de ténèbres, comme au seuil d'un enchantement. Un ouragan se levait avec une impétuosité, une fureur de cataclysme, et la solennité, eût-on dit, des colères divines.

Redescendus de notre observatoire d'un moment, nous suivions le lit desséché d'un torrent, un ravin étroit, convulsé, rocailleux, aux flancs duquel l'autan échevelait les feuillages légers des amandiers. Et, des toits de chaume des *mechtas* en flammes, de sinistres langues rouges montaient vers l'espace livide. Une étouffante chaleur s'exhalait du sol. L'odeur des incendies, âcre comme une haleine d'enfer, mêlée à la senteur vireuse des euphorbes foulées aux pieds par nos chevaux, nous prenait à la gorge. Le pluie d'orage commença à tomber ; de larges gouttes tièdes mouchetèrent les rocs, depuis le matin surchauffés, où elles grésillaient et se vaporisaient ainsi qu'au contact d'une plaque de métal ardent.

Dans cet étroit couloir étaient venus s'engouffrer, comme poussés par un vent de déroute, le convoi avec ses mules, ses bourriquots affolés, ses conducteurs impuissants, résignés, et des cavaliers d'escorte, et des fantassins épars, refluant on ne sait d'où.

La fusillade avait repris sur notre droite, en haut des crêtes, assez près, et faisait rage, sans qu'il nous fût possible de reconnaître exactement s'il s'agissait d'une attaque furieuse, favorisée par cet embouteillage, ou d'une sorte de panique, de frénésie de notre flanc-garde indigène. On allait courbés sous l'ondée, penchés sur les encolures, en désarroi, désemparés, en proie au doute...

La fureur des éléments se calma aussi vite qu'elle s'était levée. La pluie cessa. Une lueur blafarde illumina les nues. L'arc-en-ciel annonça la fin de la tourmente.

Cependant, le ravin allait se rétrécissant encore, et l'encombrement s'aggravait. De plus en plus lentement, à chaque pas arrêtés dans la cohue des mulets, des ânes, des convoyeurs inertes, fatalistes, nous glissions désormais entre deux hautes murailles à pic, formidables, farouches, angoissantes, vrai décor de la *Divine Comédie*, où les euphorbes aux verdures malsaines semblaient, sous les sabots qui les foulaient, onduler et se tordre comme la chevelure de la Gorgone. C'était le fond d'un précipice. Là-haut, à vingt mètres, sur les deux bords, quelques hommes subtils et résolus, ainsi l'on pouvait s'imaginer Roncevaux. Or, nos adversaires ont de bonnes armes. Dans quelle mesure étions-nous gardés ? Où les flancs-gardes ? Où le gros ? Nous n'en savions plus rien.

Des cavernes enfumées jusqu'à l'orifice, d'aspect traîtreux, nous regardaient passer de leurs yeux d'ombre. Mais tout cela, par bonheur, était vide. Et quand, au bout de ce défilé tragique, après des heures et des heures, nous semblait-il, de lent piétinement parmi les rocs glissants et les hideuses euphorbes, des heures d'impatience —, d'angoisse aussi, un peu, avouons-le —, nous vîmes soudain, devant nous, l'espace s'élargir, le ciel rayonner de nouveau, et, sur les deux croupes descendant vers l'oued Asemsil, au pied de *tighremt* ruineuses, des légionnaires, de la couleur du sol, en position, l'arme au poing, leurs mitrailleuses prêtes à balayer les hauteurs environnantes, il nous sembla nous réveiller d'un cauchemar.

Il s'en fallait pourtant que la situation fût souriante.

Je crois que le commandement avait espéré pouvoir faire établir le camp au bord de l'oued Asemsil. En fait, cette marche harassante à travers un terrain chaotique, les combats presque incessants qu'elles avaient livrés depuis le matin, avaient exténué les troupes. Si nous-mêmes étions recrus et énervés, qu'en devait-il être d'elles ? L'heureuse solution eut donc été de pouvoir coucher là, sur cette position si péniblement atteinte. Mais l'oued Asemsil, hélas ! ne présentait qu'un lit de cailloux, dans le creux d'un gouffre tout pareil à celui au fond duquel nous venions de cheminer, une sorte de gorge, de brêche entre deux falaises abruptes, si droites, érigées en assises si régulières, qu'on les eût dites édifiées de main d'homme. D'eau, pas un ruisselet, pas une goutte. Et la soif brûlait les gosiers.

Le combat semblait avoir pris fin. Du moins n'en percevions-nous plus aucun écho. Et ce silence, cette torpeur pesante épandue sur tout ce paysage dramatique avait quelque chose d'oppressant.

Nous avions fait halte, au sortir du ravin, sur une éminence étagée en trois paliers. J'allai m'étendre, au pied d'une vague touffe sans ombre, au milieu des chevaux fourbus, au bas du dernier, qui s'élevait en talus raide ; et après avoir un moment suivi, d'un œil peu attentif, des allées et venues auxquelles je ne cherchais pas à trouver un but, je vis se réunir, autour du fanion rouge et blanc du général Daugan, une sorte de conseil de guerre. Alors, étendu facc au cicl, les paupières closes, contre la réverbération terrible des nuages blancs, je ruminai, confusément, de vagues impressions.

Bien vite, la lucide volonté du général Daugan, cette résolution ferme dont il a donné tant de preuves au cours de la grande guerre, dicta la solution sage : il fallait, coûte que coûte, au prix de nouveaux efforts, gagner ces deux rivières que, de là-haut, de l'Ighir N'Isli, nous avions aperçues, fluides miroirs, si désirables, et qui avaient disparu de notre horizon comme un mirage. Et, tandis que les officiers eux-mêmes de son état-major, s'ajoutant aux agents de liaison, s'éparpillaient au galop dans toutes les directions, pour porter aux unités des ordres, les regrouper, régler l'écoulement de l'encombrant convoi, le passage de l'artillerie, bloquée dans ces sournois défilés, le Général gagnait, avec une faible escorte, en compagnie du colonel Maurel, le confluent où nous brûlions d'être, Bine el Ouidane.

Le lieu, au crépuscule, nous apparut mélancolique. Nous y arrivions un peu comme des épaves, une poignée. Il nous fallut attendre, allongés sur le roc inhospitalier, sur la terre nue, quelques vivres pour prendre un sommaire souper, l'arrivée des premiers éléments du convoi pour dormir. Du moins avions-nous de l'eau, une eau abondante, refroidie au coucher du soleil, une eau exquise !.. C'était un doux soir. Une fauvette gazouillait dans un olivier sauvage.

La nuit était close quand on commença de dresser les tentes. Le camp s'établissait, pour la nuit, sous une protection moins que précaire. Il s'en fallait, en effet, que tout le monde fût rentré. Combien passèrent la nuit dans le bled, autour de maigres feux, après avoir grignoté la croûte conservée au fond de la musette ! Une partie des troupes ne rejoignirent que dans la matinée du 21. Il avait fallu, notamment, laisser en arrière les derniers éléments du convoi, ainsi que la batterie d'artillerie.

... VIVENT LES ARTILLEURS ET LES SOLDATS DU TRAIN !

Quand, au grand jour, nous regardâmes la carte, il nous apparut que, dans cette journée de marche si pénible, nous avions avancé de 13 kilomètres environ, en passant, il est vrai, de la côte 1.500 à la côte 750, par toute une série de cols, grimpant et descendant tour à tour.

Cette première nuit passée à Bine el Ouidane avait été calme ; pas un coup de feu. Les troupes demeurées en arrière n'avaient non plus été inquiétées. Evidemment, ces gens étaient las, comme nous —, et sans doute déconcertés, là encore, par la rapidité foudroyante, pour eux incompréhensible, de notre marche. J'ai quelquefois entendu dire, ou lu, qu'ils se battaient seulement pour sauver l'honneur, et semblaient se borner à des simulacres de défense. Je ne le crois pas. L'acharnement qu'ils mettent à revenir à l'attaque, ces assauts répétés de nuit, dès qu'ils pensent pouvoir tenter, avec quelque chance de réussite, un coup de main, me semblent attester, au contraire, leur animosité profonde. Ils ne renoncent que lorsqu'ils sont bien convaincus de l'inutilité de leurs efforts. Ils ne renoncent que devant l'impossible, et quand il leur faut s'avouer vaincus.

Ce 21 septembre, à peine le camp achevait de se dresser, tous les traînards n'étaient pas rentrés, que se présentaient, amenant le traditionnel taureau propitiatoire, le taureau de *targuiba,* les premiers parlementaires : c'étaient des Aït Bouzid du Djebel, que conduisaient deux ou trois notables, dont l'un cérémonieusement ganté de gris perle. Le commandant Orthlieb et le capitaine Chardon les entendirent dans une interminable palabre, et l'on prit leur taureau sans leur permettre de lui trancher les jarrets, comme l'auraient voulu les rites séculaires.

Journellement des ambassades pareilles se succédèrent. Chose amusante, quelques-uns de ces Berbères parlaient français, ayant travaillé, pendant la guerre, chez nous, dans nos usines, nous ayant aidés à nous défendre avant de se défendre contre nous. Si bien qu'un matin, le commandant du cercle d'Azilal eut la piquante surprise de s'entendre interpeller dans le plus pur style d'Aubervilliers ou de Pantin : « Alors, Chardon, ça va ? Ben, mon vieux !.. » C'était tout ce que le pauvre diable avait pu recueillir des belles manières de France, au cours de son laborieux exil ; il n'en semblait pas peu fier. Le preux aux gants gris avait gardé, au fond de ses montagnes, plus de noblesse. D'ailleurs, tous ceux de ces malheureux plus ou moins frottés de civilisation m'apparaissent comme des déclassés, des déchus, une écume. On finirait par en croire Rousseau ! Rapprochez de cet argot le mot d'une femme, d'une mère, qu'on interrogeait : « Y a-t-il beaucoup de morts dans ta tribu ?

— Il y a eu mon fils, et c'est tout... Les autres ? Je ne sais pas ».

On croit entendre la fille de Scipion, la mère des Gracques.

Cette journée avait été, pour les Chleuhs, lourde en pertes. Sur le terrain des luttes, ils avaient dû, dispersés par le canon, abandonner beaucoup de cadavres. On retrouva même deux femmes, qui avaient voulu exciter de trop près les guerriers et les avaient suivis jusqu'à la ligne de feu, jusqu'au premier rang, — si même elles n'avaient pas tenu des armes, Amazones héroïques.

Pour nous, nos pertes avaient été de 11 tués et de 26 blessés ; nos partisans avaient eu 10 tués et 30 blessés environ.

Cette fois encore, le pacha El Hadj Thami n'avait pu suivre. A notre extrême droite, il avait fait, contre les Aït Ougoudid, une énergique diversion, s'étant porté sur les crêtes à

5 kilomètres d'Azilal. Lui aussi, retardé par un terrain difficile, avait projeté de camper le soir au bord de l'Asemsil. Sans eau, il se trouva tout désemparé. Alors, tranquillement, il retourna vers Azilal.

Toute la matinée du 21, nous vîmes arriver peu à peu les troupes attardées.

Ces hommes venaient de fournir un effort écrasant. Il n'y paraissait point à leur allure. On arrivait enfin à l'étape, et les épreuves étaient oubliées. Tous semblaient en belle humeur, et, après cette nuit de vague repos à la belle étoile, pour beaucoup, ils défilaient encore d'un rythme alerte, se redressant, d'aucuns, et marquant le pas comme à la parade, sous l'œil des chefs, conscients d'avoir rempli de bon cœur tout leur devoir, et d'avoir pris part à une prouesse nouvelle dont le souvenir allait demeurer dans les fastes de l'armée d'Afrique, de l'armée du Maroc, Iliade où déjà s'amoncellent tant d'exaltantes pages.

Les officiers de l'état-major du G. O., dont certains n'étaient rentrés qu'au petit jour, presque, rapportaient les plus pittoresques récits.

Dans un passage difficile, le chef d'état-major, le commandant Giraud, voit venir se mettre à sa disposition un légionnaire au parler élégant, aux manières de pur gentleman, si bien qu'il ne peut se tenir de lui demander son nom. Et cela se trouve être celui d'une grande famille russe, un nom de *kniaz* caucasien, un nom princier... Quatre autres légionnaires ont secondé, avec un empressement, un dévouement admirable, le capitaine Le Clerc. Il les invite à rentrer au camp avec lui. Ils remercient. Ils demeureront là, — ayant peut-être leurs raisons, qui ne sont pas fatalement héroïques, au reste.

Et, une fois de plus, on signale la tenue magnifique du train des équipages, de ces humbles convoyeurs indigènes, les parias, un peu, de ces colonnes, venus on ne sait d'où, en enfants perdus, et si patients, si fidèles, en général, si résignés ! Les autres, les fantassins, n'ont qu'eux-mêmes à qui penser. Eux sont inséparables de leurs mulets de bât ou de leurs arabas attelées, qu'il leur faudra, en cas d'accident, suivre jusqu'au fond des ravins ou dans le lit des oueds, relever, repêcher, remettre debout, remonter vers la piste, ramener, coûte que coûte, au camp ! Quelles n'ont pas été leurs peines, tout le long de cette colonne ! que de bêtes débâtées, de chargements à terre, que de chutes au bas des coteaux ! que de petits drames que nous n'avons pas même soupçonnés, et qui ont mis à l'épreuve leur patience, leur vigueur, leur ténacité ! Et quelle poigne, aussi, il faut à ceux qui les dirigent, officiers et sous-officiers du Train — l'arme par excellence des « débrouillards » — pour maintenir dans le devoir, dans l'ordre, cette troupe hétéroclite, assurer jusqu'au bout à toute la colonne en marche le vivre et le couvert, et les munitions ! Mais ce n'est pas d'hier que j'ai rendu hommage aux « tringlots », puisque c'est leur nom familier, et bien avant de complimenter ici le lieutenant Coulon, j'ai dit toute mon admiration pour ses devanciers d'il y a dix ans sur cette terre marocaine, où la tâche du convoi était, sans doute, plus ingrate encore qu'aujourd'hui.

Les misères de l'Artillerie ne furent pas moindres, au cours de cette pénible journée, dans ces défilés chaotiques, sur ces pentes abruptes. A de certains passages, il ne fallait pas moins que des attelages de douze et quatorze mules pour haler jusqu'aux crêtes d'où elles devaient tirer les pièces de 75 ; et c'était d'ailleurs un spectacle admirable, pour l'énergie et l'habileté qu'on y voyait en action.

Nous avions avec nous un artilleur passionné, le commandant Perney, un beau type de Franc, au poil blond, à l'œil clair, au regard magnifique, droit, intrépide, avec toutes les qualités de la race, y compris l'enthousiasme. Il aimait, il adorait son métier, et le savait à la perfection, chose rare en nos temps. L'ordre de mettre en batterie, l'idée seule de tirer sur un groupe, une casbah, le transportait. Et je vous jure que ses coups étaient ajustés et cinglaient ! C'était merveille de le voir à l'œuvre, et son allégresse professionnelle était contagieuse. Quels beaux exploits il nous a montrés ! On l'eût volontiers applaudi, et les Arabes, nos partisans indigènes, les marchands du souq, accourus, comme au cinéma, au premier obus, en demeuraient en extase.

On n'abusa pas de ses talents. Pourtant, le mouvement de soumission tardant à se produire, il fallut bien semoncer nos voisins d'alentour, qui nous guettaient en silence, en égratignant quelques-unes de leurs *tighremt.* Le commandant Perney s'acquitta de la mission avec une maîtrise infinie, et au moins de frais possible.

Ces casbahs, au sommet d'éperons rocheux dont certains, tant leurs flancs étaient lisses et dénudés, semblaient à l'œil des bastions à la Vauban, étaient vraiment belles, et la noblesse de leurs lignes, la hautaine sérénité de leur aspect eût incliné des artistes à la faiblesse. Mais il ne s'agissait point ici d'esthétique.

L'une, au moins, aurait mérité notre respect : celle du cheikh Brahim, qui accueillit sous son toit Charles de Foucauld, et de qui il parle comme d'un ami. Elle se dressait à notre gauche, et nous l'avions aisément reconnue, d'après le croquis qu'en donnait l'explorateur.

Car le meilleur de notre première journée à Bine El Ouidane avait été employé à découvrir le paysage, ayant en mains, comme guide, les *Reconnaissances au Maroc*, dont à chaque instant nous devions avoir l'occasion d'admirer l'irréprochable exactitude, la haute probité.

Ouaouizert, désormais, était vraiment sous nos yeux, blottie dans ses oliveraies opulentes, ses vergers, ses treilles. Entre elle et nous, la plaine où se rassemblent les eaux des deux oueds El Abid et Ahansal, un fond de cuvette roux et vert que bossèlent deux *garas* (1) arasées par d'immémoriales ruées d'eaux, pareilles à ces buttes-témoins que les terrassiers ménagent au milieu d'une fouille. Sur la première, Souq el Had, centre d'un important marché, une casbah achevait de se consumer, empanachée, le jour, d'onduleuses fumées, les soirs de vent flamboyante : des partisans, lancés en avant-garde, y

---

(1) Exactement *gour* au pluriel.

avaient bouté le feu, avant même notre arrivée. Car ces représailles, bien vaines, étaient interdites aux troupes régulières. Mais combien de ces maisons fortifiées, et si belles, brûlaient ainsi derrière nous, qui eussent pu donner asile aux petites garnisons chargées de garder la route d'étapes, ou encore servir d'amorce à des soumissions !... Le canon en endommagea quelques autres, celle du cheikh Brahim, qu'occupait encore le fils de cet hôte de Foucauld, et une autre, toute petite, dans le lointain, pareille à un joujou, aux pentes de la colline, que nous voyions s'allumer à chaque crépuscule, comme font les chaumières paisibles de France, et qui, au déclin d'un soir tumultueux, broyée, désertée, cessa soudain d'étoiler de sa lueur clignotante les ténèbres. Tandis qu'on la bombardait, l'après-midi, un homme, un seul, ripostait par des coups de feu désespérés, puérils et sublimes. On a su plus tard qu'avant le bombardement, le chef de famille qui y régnait avait eu la velléité de venir faire sa soumission. Ses trois fils l'en avaient empêché, sous menace, et le couchant en joue. Alors il était demeuré, acceptant l'inéluctable sort. Et nous avons songé que c'était peut-être l'un des fils farouches qui, affolé de rage, tirait, répondant au canon.

Tout ce paysage qui nous entoure est d'une véhémence de couleurs indicible, sol d'ocre violente, eaux rouges grossies par un récent orage et charriant des boues rouillées, casbahs fauves, à peine distinctes du roc ferrugineux qui les porte ; et, au flanc de ces monts, étalées en touffes rondes, aussi régulières que les corbeilles d'une pelouse, toujours les euphorbes hérissées qui inquiétaient déjà Foucauld, « plantes étranges qu'il n'avait vues que trois fois au Maroc » et qu'il ne chercha pas, sans doute, à identifier. Et, de toutes parts, des ravins sauvages, des gorges pleines d'ombre et de mystère, où les canonnades se répercutaient en orageux échos. Quels émerveillements, dans l'avenir, pour les touristes !

Quand la nuit transparente, la nuit suave où s'inscrivait d'un trait d'argent le fin croissant du premier quartier, était tombée, le spectacle était presque plus imposant encore : tandis que le camp du groupe mobile, à nos pieds, avec sa multitude de lumignons, évoquait à l'imagination complaisante la vision de quelque ville lointaine, au pied d'une inaccessible montagne exhaussée par l'ombre, l'une des harkas allumait, sur la berge abrupte de l'Ahansal, de grands brasiers pareils aux feux de joie de la Saint-Jean, entretenus jusqu'à l'aube, ondulant en longues oriflammes de pourpre dans les fluides ténèbres, étoilant l'azur sombre de rutilantes flammèches, et lamant d'or les eaux lourdes de l'oued.

LA JONCTION

Le 22 septembre, au soir, le pacha El Hadj Thami, à la tête d'une harka légère, avait rejoint Bine el Ouidane. On n'attendait plus, afin de se remettre en route, que le moment où le groupe mobile du Tadla serait assez près d'Ouaouizert pour que la jonction des deux forces pût s'effectuer en une matinée. Nous savions que, le 17, il avait atteint, au prix d'un formidable effort, le col le plus difficile, le Tizi Ghnim. Nous entendions le bruit de son canon. Le moment vint où nous vîmes ses obus éclater dans la plaine rouge, en avant de la petite bourgade tranquille, silencieuse. Ce répit, d'ailleurs, n'était pas perdu.

Entre temps, un groupe de dix avions avait été lancé vers la zaouia Ahansal, où il avait déversé encore une centaine de bombes, dont quarante bien au but. Mais le Hansali, nous le savions, n'était plus là. Il était venu à Souq el Khmiss, chez les Aït Ougoudid, pour les exalter contre l'ennemi qui avançait.

Les pourparlers avec les tribus avoisinantes se poursuivaient, et presque chaque jour amenait des soumissions nouvelles. Aujourd'hui les Irizane (55 feux), plus tard les Inguert (120 foyers), puis les Aït Aloui (170 feux). A la date du 25, 350 tentes sur 500 des Aït Hamza, fraction des Aït Bouzid, avaient présenté leur soumission.

Le 24 au soir, un ordre du Général

proclamait la paix avec les tribus, interdisant toutes représailles, tout pillage, sous des peines sévères. La sécurité des communications avec Azilal allait s'affirmant. Seuls, quelques exaltés troublaient la circulation des convois de ravitaillement. Le 22, par exemple, d'une casbah réoccupée sournoisement pendant la nuit, des coups de feu partirent. L'escorte dut livrer combat. Une escarmouche se produisit encore au retour. Ces deux incidents nous coûtèrent quatre légionnaires tués et huit blessés. La leçon infligée aux rebelles dût être sévère, car le lendemain, un gros convoi de 900 bêtes put passer sans encombre. Et désormais, les travaux de la piste d'Azilal à Bine el Ouidane, commencés le lendemain même de notre arrivée, se poursuivirent en paix.

Enfin, le 26, au matin, on leva le camp de Bine el Ouidane : le groupe mobile de Marrakech se portait à la rencontre de celui du Tadla.

La formation d'attaque était la suivante : avant-garde, 22e bataillon sénégalais (commandant Gondy) ; 2e goum (capitaine Paul) ; une batterie de 65 (capitaine Le Moing).

Flanc-garde droite, 1er bataillon du 4e étranger (commandant Lambert) ; un peloton de cavalerie.

Flanc-garde gauche, trois compagnies du 3e bataillon du 4e étranger (commandant de Corta) ; un peloton de cavalerie.

Gros, à la disposition du colonel Naugès ; un demi-escadron ; deux compagnies du 3e bataillon du 4e étranger (capitaine de Clermont-Tonnerre); l'artillerie, sous les ordres du commandant Perney, comprenant : une batterie de 65 (capitaine Brantonne), une batterie de 75 (capitaine Paradot), et un détachement du génie.

Le convoi sous les ordres du capitaine Ciambelli, du 62e T. M.

Jusqu'à sept heures et demie environ, tout se passa selon les méticuleuses prévisions du colonel Naugès.

Sans difficulté, au soleil levant, humant à plein poumons un air frais et léger, les cœurs allègres, on franchit les gués de l'oued Ahansal et de l'oued El Abid. On salue au passage le « palmier isolé » marqué sur la carte, et de la réalité duquel nous nous amusions à douter, tant cette précision de détail d'un levé en pays inconnu encore nous semblait paradoxale : le palmier était là, assez dépenaillé, assez éploré, mais vivant.

Un peu plus loin, nous passions à gauche de la *gara* de Souq el Had, dont la casbah exhalait encore une légère vapeur.

Charles de Foucauld note ici l'existence d'une pittoresque coutume. Au marché du dimanche, — qui aurait dû se tenir hier, — avait lieu chaque semaine, le « jeu des chevaux ». Tout cavalier des Aït Bouzid était tenu de s'y présenter, sous peine d'une amende de deux douros. C'était, j'imagine, quelque fantasia, une réunion d'entraînement : ainsi nos tireurs à l'arc de l'Ile-de-France se réunissent, chaque dimanche, au champ de tir, autour du mât.

La route est douce, relativement, dans ce fond d'ancien lac ou de golfe, cuvette de 10 kilomètres environ de long sur 4 à 5 de large. Ce n'est point celle que dut suivre de Foucauld, qui passait par ici exactement à la même saison, et qui note « les passages les plus difficiles qu'il ait jamais trouvés », et « des flots torrentueux entre d'immenses murailles de pierres » : les eaux de l'Ahansal et de l'Abid n'ont guère mouillé au-dessus du sabot les pieds de nos chevaux.

Le pays, par ailleurs, est sinon naturellement fertile, du moins prospère, grâce au labeur acharné de ses habitants. L'explorateur, parlant des Aït Bouzid, écrit :

« Cette tribu est renommée pour sa richesse : en effet tant que je serai sur ses terres, je ne cesserai d'admirer des preuves de l'intelligence et de l'activité des habitants ; nulle part, au Maroc, les cultures ne m'ont paru mieux soignées, les chemins aussi bien aménagés, dans un pays plus difficile. Toutes les portions du sol dont on a pu tirer parti sont plantées : ici ce sont des blés, là des légumes, ailleurs des oliviers ; ils s'étagent par gradins, une succession de murs en maçonnerie retenant les terres. Sur ces pentes raides, on ne peut labourer à la charrue : tout se travaille à la pioche. Les chemins sont, la plupart, bordés de bourrelets de pierres ; en certains points ils sont taillés dans le roc ; des consoles les soutiennent. Des ponts sont jetés au-dessus des crevasses ».

Nous avons admiré, en effet, l'application, l'industrie de ces Berbères, si proches parents encore de nos paysans, travailleurs, ingénieux, sages comme eux ; et, pour ma part, devant ces amphithéâtres de verdure, soutenus par des perrés en gradins, je songeais à cet ingrat Monténégro, rocheux, hostile à l'homme comme cette contrée, et dompté, fécondé à force de sueurs.

Ces pauvres gens, sympathiques par tant de qualités, sont, au demeurant, des primitifs. Le capitaine Chardon, recevant quelques-uns de leurs envoyés, faisait miroiter à leurs yeux, pour les séduire, la perspective de pouvoir, une fois rangés sous notre égide, se savonner, comme ces Aït Attab, leurs voisins, dont un leur servait de guide. Est-ce là une volupté qu'ils apprécient ? Pourtant, ils se moquent de paysans plus lointains, enfoncés dans des vallées perdues, qui connaissent à peine les fusils, disent les « civilisés » d'ici. Mais cela ne saurait plus tarder beaucoup. Le tout est de savoir si leur félicité en sera sensiblement accrue.

Vers sept heures quarante-cinq, une colonne, annoncée importante, qui s'avance des Aït Isha par le tizi N'Oulmou, marche contre le flanc droit de la colonne, tandis que des contingents Aït Chokman descendent dans la vallée de l'oued El Abid. C'est une force d'environ 3.000 hommes, peut-être. Les partisans qui nous couvrent extérieurement aux flancs-gardes (à droite, Aït Attab, Entifa, et à gauche Glaoua) reçoivent le premier choc. L'artillerie, l'aviation, qui nous éclaire admirablement, prennent leurs assaillants sous leur feu. Le capitaine Chardon, assumant le commandement des deux harkas de droite, lance les Entifa d'Ouchetou sur le flanc droit de l'ennemi, par la vallée de l'oued Tadroucht, affluent de l'oued El Abid, tandis que les Aït Attab l'abordent de front, et qu'un troisième groupe, sous le khalifa Ali ou Bou Addi, ayant pris pied sur le djebel Asskrazen, l'attaque sur son flanc gauche. L'assaillant réagit violemment, mais doit pourtant reculer.

D'âpres combats d'arrière-garde, soutenus par le bataillon Lambert, marquent la dernière phase de l'action. L'artillerie de 75 et de 65 intervient heureusement, et, avec les mitrailleuses et les engins d'accompagnement, détermine la débâcle de l'adversaire, qui se replie vers la vallée de l'oued El Abid.

Telle fut l'intervention de Si Hoceine Outemga, prêtant momentanément main-forte à son cousin El Hansali et conduisant les Aït Isha, les Aït Mazigh et les Aït Chokman, et telle en fut l'issue. Ce fut un combat de près de quatre heures, qui nous coûta seulement cinq blessés et trois morts indigènes.

Les rapports officiels assurent, — et nous n'avons aucune raison de nous montrer plus sceptiques que le commandement, — que ces tribus agressives étaient munies « d'une mitrailleuse ». Enfin !

Ce serait la réalisation, bien imparfaite, d'un vieux rêve que j'ai fait quelquefois, au cours de cette marche, en constatant la supériorité par trop écrasante de nos moyens en face de ces héros, si sommairement armés, au demeurant : le rêve d'un obus magnifique, vomi par quelque pièce mystérieuse, volée ou capturée n'importe où, amenée on ne sait d'où, et produisant soudain sur nous l'effet de stupeur que dut causer, à Paris, l'arrivée du premier obus de la grosse Bertha. Mais ce serait trop beau, en vérité, et la mitrailleuse me semble déjà bien corsée, en l'aventure.

Cette matinée, de nouveau heureuse pour nos armes, fut attristée pourtant par la perte d'un avion, un de ceux de Tadla. Il prit feu subitement, — par accident, sans doute, car aucun projectile n'avait pu l'atteindre, là où il volait. Il continua un moment de planer, soutenu par ses ailes, laissant derrière lui un long sillage de fumée noire, d'abord, puis un panache de flammes, et s'abîma enfin d'une chute brusque, tandis qu'en bondissait, éperdu, l'observateur-mitrailleur, pauvre corps tournoyant une seconde dans la lumière matutinale, avant de venir s'écraser sur le sol.

L'état-major du groupe d'opérations, suivant le général Daugan, avait atteint à neuf heures et demie un mamelon rocheux, où flotta le fanion rouge et blanc. Un autre y était planté déjà, un damier bleu et blanc, d'une fantaisie de composition et de couleurs charmantes, que gardaient deux cavaliers représentant je ne sais quel goum d'avant-garde du Tadla : fidèle à une tactique qui lui avait si bien réussi tout le long de l'expédition, le G. M. M. s'était encore jeté d'un bond victorieux sur l'objectif.

Et Ouaouizert était là, au delà d'un étroit vallon, penchante, onduleuse, rouge, dans la verdure touffue de ses oliveraies et de ses vergers.

A notre gauche, sur un coteau, se présentait un premier groupe de maisons, *mechtas* aux terrasses basses, que dominaient de féodales *tighremt*. C'était une sorte d'écart d'Ouaouizert, appelé Aït Ouaazik. On nous dit que le colonel Freydenberg le visite en ce moment même, y parlemente. Nous avons su, un peu plus tard, que le village était désert. Mais bientôt le colonel Freydenberg en débouchait, en effet, à la suite de son petit état-major, et venait arborer son fanion auprès de celui du général Daugan.

J'ai dit que sa marche avait été non moins pénible que la nôtre, dans un terrain peut-être plus accidenté encore (1). D'autre part les méthodes de l'une et l'autre colonnes furent différentes : tandis que nous bondissions en avant d'un coup, assurant une fois au but les communications, le groupe mobile de Tadla procédait par avances courtes, de 2 à 3 kilomètres, reliant chaque jour, et pas à pas, son bivouac à celui de la veille, multipliant les postes de guet, ne poursuivant qu'une fois bien assuré

(1) Voir, à la fin du volume, les profils des itinéraires suivis par le G. M. M.

de ses derrières. De notre observatoire, nous distinguions maintenant, sur la piste, ses travailleurs à la besogne. Un égal succès légitime, au surplus, des moyens si divers. Les deux groupes étaient là réunis, victorieux sans grands dommages, et c'était l'essentiel.

Le pacha El Hadj Thami nous avait rejoints sans coup férir, en compagnie du pacha du Tadla, Si Bou Djemaa, venu avec le groupe Freydenberg. C'était la première fois que, lui aussi, voyait Ouaouizert. Il la déclarait « inconnue comme le Paradis, et belle comme lui ». Et ce montagnard s'émerveillait de trouver, dans ces montagnes, pareilles aux siennes, une ville de cette importance.

De fait, c'est l'un des sites les plus beaux que j'aie vus, jusqu'ici, au Maroc.

LA MYSTÉRIEUSE OUAOUIZERT

C'est un vaste bois d'oliviers, hauts comme des chênes, touffus, opulents, d'où surgissent, de place en place, des *tighremt* à quatre tours, de plan uniforme, toutes pareilles à tant d'autres que nous avons rencontrées chemin faisant, édifiées en pierre fauves, maçonnées d'ocre, recuites, patinées, dorées par les ardents soleils, chacune protégeant, à la façon d'un donjon, un groupe de maisons tapies au ras du sol, des *mechtas* blotties sous les grands arbres, rouges du même rouge que la terre d'où elles surgissent, de laquelle elles sont pétries, et confondues, de loin, avec elle, dans le fouillis des souriants vergers qui les ombragent.

En avant de la petite ville, à droite, au faîte d'un promontoire effilé tout pareil à une caravelle, et même couronné, à l'arrière, comme d'un château de poupe, d'une rébarbative casbah, tyrannique, en ce lieu, plutôt que protectrice, et voilée d'un nuage de fumée monté des taudis embrasés à ses pieds, s'allonge le *mellah*, le quartier juif, amas de cases misérables, sans un arbre, sans une herbe, calciné, sinistre : une géhenne. Et, là-bas, au loin, jaillissant des panaches opulents des oliviers, toute blanche, toute rustique, la koubba du marabout du lieu, Sidi Mohammed ou Mohand.

La ville nous apparaît, au sein de sa couche de verdure, indolente, endormie dans la torpeur méridienne ; en fait, elle est déserte. Nous n'y devons trouver que deux hommes : un Musulman, le caïd Mohammed, et un Juif, chacun représentant sa communauté. Tout le reste a fui ou a été emmené, emportant ses richesses...

A midi, après un sommaire déjeuner au bord de l'oued Tadroucht, fleuri de lauriers-roses moins nobles, sans doute, que ceux de l'Eurotas ou du Céphise, émouvants, pourtant, comme la Beauté, par ce jour radieux d'automne, sous la caresse de cette tendre lumière, le camp dressait peu à peu ses tentes innombrables, de toutes formes, de toutes couleurs.

A la brune, nous fûmes témoins d'un exaltant spectacle.

J'ai dit que nous avions eu, le matin, la douleur de voir tomber, en flammes, un des avions du Tadla. A la faveur du crépuscule, quatre jeunes lieutenants, Tramini, Gouy, Drouin et Brochier, entreprirent, animés d'un même sentiment de fraternelle piété, d'aller rechercher les restes des deux aviateurs leurs camarades, le pilote et l'observateur. Nous les vîmes partir, la carabine à la bretelle, avec une poignée de partisans. Mais les Chleuhs semblaient décidés à défendre férocement les sanglants trophées qui leur étaient échus. Embusqués derrière la carène de l'avion, brûlée à demi, devenue le bûcher funèbre de l'infortuné pilote, ils ouvrirent le feu sur la petite troupe. Les partisans lâchèrent pied de prime abord, ignorant le sentiment qui soutenait les quatre officiers. Ceux-ci, pourtant, n'avaient garde de renoncer à leur généreuse entreprise. En rampant, ripostant coup pour coup aux balles de l'ennemi, ils se glissèrent jusqu'au lamentable corps que nous avions vu s'abîmer et que nous apercevions, tout le jour, inerte, informe, sur le roc nu. Ils l'atteignirent, le relevèrent, et connurent la joie poignante de le ramener au camp. On eût embrassé volontiers ces héros, fidèles à la fraternité d'armes comme à un culte.

Le vicomte Charles de Foucauld arriva à Ouaouizert le 25 septembre 1883 — il y a trente-neuf ans tout juste.

Il voyageait sous les haillons abjects, partout honnis, ici, d'un *ihoudi*, d'un Juif venu de loin, accompagnant un *rabbi* quêteur, son guide, son garant — lui qui, dans ses *Reconnaissances au Maroc*, parle d'eux si terriblement. Que d'avanies ne dut-il pas subir, au cours de ce périlleux voyage !

Et c'était le seul Européen qui, avant notre venue, eût jamais foulé ce sol.

Il y séjourna cinq jours, sans être autrement soupçonné. Mieux : on s'entretenait, devant lui, d'un voyageur européen, d'un *neçrani* qui, habillé en Musulman, avait traversé, quelque trois ans et demi auparavant, les régions du sud, Sous, Tazeroualt, Oued Noun, puis s'était rendu à Tindouf, d'où il était parti pour le Soudan. C'était Lenz, dont Foucauld avait déjà entendu parler à Tétouan, puis à Fez. Et l'explorateur se demandait comment la nouvelle du passage de ce voyageur s'était répandue jusqu'à ce vallon perdu de la montagne berbère. Le Maroc est, encore aujourd'hui, plein de mystères...

Le premier soin du général Daugan fut de se préoccuper de faire rechercher les traces, s'il en existait, du passage de Charles de Foucauld. Il dépêcha en reconnaissance, l'interprète Denoun, du Bureau régional de Marrakech. Le hasard, en vérité, avait bien fait les choses : il n'était demeuré à Ouaouizert, je l'ai dit, qu'un Musulman et un Juif. Or, celui-ci, appelé Makhlouf Malka, était précisément le neveu de l'homme qui avait reçu, hébergé l'explorateur et son compagnon de route.

Il faut dire, en passant, que la condition des Juifs est ici misérable : elle n'a point changé depuis quarante ans, et la peinture impitoyable qu'en brosse de Foucauld semble d'hier.

Ils sont toujours esclaves, comme

alors, — esclaves au sens le plus absolu, au sens antique du mot, le bien, la chose d'un maître chleuh, qui peut disposer d'eux à sa guise. Si nous ne les avons pas vus, à l'arrivée, se porter, comme ils ont fait dans toutes les grandes villes que nous avons occupées, au devant de nos fanions, qui leur apparaissent en libérateurs, c'est qu'ils ont été emmenés dans la montagne, avec les troupeaux.

On a amené au camp Makhlouf Malka, crasseux, sordide, la barbe et les cheveux incultes, la tête enveloppée d'un mouchoir noir à pois blancs, sale, gras. On l'a interrogé : il a connu le voyageur dont, pieusement, nous suivons les pas.

Il avait de quinze à seize ans, peut-être, quand on vit arriver au *mellah*, venant de la direction de Beni Mellal, qui est de l'autre côté du djebel Ghenim, un *hakkam*, un rabbi venu de Jérusalem jusque là pour solliciter les aumônes de ses frères. Etrange odyssée! Le monde juif doit en avoir, pour nous, de ces mystères ! Un «autre Juif», dit Makhlouf, l'accompagnait, qu'il présenta comme un *Askinazi* (un Russe ou un Balkanique). Celui-ci était un homme de taille moyenne, mince, le visage bronzé. Il était vêtu d'un *tchamir*, ou chemise marocaine en cotonnade, et d'une *djellaba* de laine dont il rabattait le capuchon sur sa figure ; il était chaussé de *belrahs*. Il semblait ignorer l'arabe, et, quand il parlait à son compagnon, c'était « dans une langue inconnue ». Il avait comme bagages un stock de verroteries, dont il faisait commerce.

Les deux étrangers furent accueillis dans la maison de Meyer Malka,

— l'oncle de Makhlouf, — alors chef de la communauté juive d'Ouaouizert, qui les installa, pour coucher, dans la synagogue.

Là se déroula, une nuit, un petit drame que Charles de Foucauld a rapporté, et dont Makhlouf Malka a gardé la mémoire, ce qui atteste la véracité de ses souvenirs, puisque, bien évidemment, il n'a pu lire les *Reconnaissances au Maroc :* une nuit, un Juif, Izzou Amenar, tenté par la pacotille de Foucauld, essaya de la lui dérober. L'ancien cavalier était vigoureux : il se jeta sur le ravisseur et lui infligea une verte correction. Peut-être est-ce en représailles de cette véhémente défensive que le voyageur fut, au départ d'Ouaouizert, trahi, dénoncé à la tribu des Aït Attab qu'il allait traverser, et frôla la mort. Toujours est-il que le passage de ce chrétien, connu après son départ, produisit quelque émotion chez les Aït Atta d'Amalou, petite tribu indépendante dont Ouaouizert est, si l'on peut dire, la capitale, qui, habitués qu'ils étaient à ces allées et venues de Juifs étrangers, ne s'étaient pas inquiétés à l'arrivée de ces deux voyageurs ; et il fallut, pour calmer la fureur qu'ils éprouvaient d'avoir été ainsi surpris, que les hôtes du *mellah* leur donnassent l'assurance qu'on les avait eux-mêmes trompés.

Au cours de leur séjour, le *hakkam* de Palestine et son compagnon s'étaient un jour, à la demande, probablement, de Foucauld, et sous la conduite d'un Attaouï nommé Mezzine, le propre père, coïncidence singulière encore, du caïd Mohammed, demeuré pour nous recevoir, rendus dans la haute vallée de l'oued Tadroucht, une gorge inquiétante, abrupte et sauvage comme celles de l'Asemsil, que nous avions traversées en venant à Bine el Ouidane. L'explorateur a décrit ces falaises, que nous voyions de notre camp, trouées de grottes innombrables habitées par des troglodytes, et qui seraient bien tentantes à visiter ; mais il n'y faut pas songer : elles nous sont inaccessibles, occupées qu'elles sont par un ennemi peu accommodant qui, de ces abris sûrs, lâche quelquefois des coups de feu inattendus sur nos guetteurs en sentinelle au faîte des *tighremt*, comme sur les inoffensifs promeneurs de l'oliveraie et des vergers.

On pense bien que cette vague menace ne nous arrêta pas. Cette fraîche oasis était attirante comme l'Eden.

L'exquis paysage ! et quel but d'excursion, encore, le jour venu où l'on pourra errer en paix par ces vallons enchevêtrés, sous ces délectables verdures ! J'y ai fait, avec le commandant Reymond, compagnon de prédilection de mes vagabondages, d'inoubliables randonnées. Je n'y repense pas sans une vague nostalgie. Nous errions, au gré de nos montures, à travers la charmante cité abandonnée, silencieuse comme le château de la Belle au Bois Dormant, le long de l'oued murmurant savamment aménagé, et, grâce à l'industrie des riverains, distribuant tour à tour, par des *seguias*, ses eaux aux oliveraies, aux luxuriants vergers de limons, de figuiers, de noyers, de poiriers, aux jardins où achevaient de mûrir les potirons dorés, les courges smaragdines, les piments pourprés, aux treilles penchantes, et, tout au bas de la colline, à des moulins primitifs, auréolés de vols d'hirondelles, mûs par des turbines patiemment et savamment taillées au couteau dans des bois rares. Et nous sortions de là étonnés et ravis, et pleins de sympathie pour ces peuples sages, laborieux, qui, disposant de faibles moyens, avaient si merveilleusement mis en valeur une terre de promission.

Un jour, nous poussâmes jusqu'au grand souq déserté, établi sur un plateau ras, — champ de tir merveilleux pour les habitants des cavernes d'en face, — petite place aussi nette que si le vétérinaire patenté était passé par là, où les bouchers, naguère, dressaient leurs étals à des troncs fourchus ; puis, de l'autre côté du ravin, où cascadait le Tadroucht, jusqu'à l'humble koubba, — le temple de ce village musulman, — qui domine l'une des collines, et que les pacifiques oliviers enveloppent et parent comme d'un bois sacré.

La plus pauvre église de chez nous est une basilique, auprès de cette mosquée branlante.

Dans l'étroit parvis, on vient d'enterrer un des descendants de Sidi Mohammed, saint patron du lieu, un pauvre diable, nous dit-on, tué par une bombe d'avion ; et de cette tombe mal close, monte une affreuse odeur qui étreint la gorge.

Le tombeau du marabout, Sidi Mohammed ou Mohand, se dresse au delà, dans une obscure chapelle, au-dessous du minaret. Encore qu'un de nos tirailleurs, ou de nos goumiers, sectateur, parent, même, si j'ai bien compris, du saint qui repose là, nous guide et nous invite, nous déclinons l'offre de pénétrer dans ce sanctuaire ; et, respectueux, tête nue, nous contemplons du seuil le mausolée massif, couvert d'un poêle misérable, arlequin de pièces et de morceaux, de velours fanés, de damas à grands ramages d'or, de maigres cotonnades.

Tout proche de la tombe fraîche ouverte, un puits est béant, plein jusqu'au bord d'une eau miraculeuse qu'une cuiller de bois, posée sur la margelle, permet de puiser pour la boire. Dans une courette voisine, une petite tombe d'enfant, à l'ombre d'un figuier.

Et tout cela est d'une pauvreté navrante. La *djemâa* elle-même, la nef où l'on prie, œuvre d'inhabiles maçons, édifiée sur des piliers trapus, encombrants, trop puissants, épaulant de gauches et incertaines ogives, et qui n'arrivent pourtant qu'avec peine, malgré leur masse, et grâce à l'aide d'étais de bois en grume, inégaux, tordus, calés par de glissants galets, à supporter un toit chancelant, la *djemâa* est d'une inquiétante misère. Le *mihrab*, ébauché, informe, ressemble à ces niches que l'art balbutiant des enfants maçonne avec le sable de la plage ; le *menber*, la chaire à prêcher, est ruineux, vermoulu, gauchement historié de tailles au couteau, et le plafond, là où il existe, soutenu par des perches grossières, des troncs vaguement écorcés, est fait de vieilles planches assemblées à la diable, rabotées à peine, et peinturées, comme certains pans de mur, de bariolages grossiers et violents. L'ombre emplit de mystérieux recoins, ouverts en tous sens et sans plan apparent.

A gauche du *mihrab*, sur la muraille blanche, une inscription fraîche, tracée au charbon, d'une main hâtive, a attiré notre attention : « 1341 — c'est l'année actuelle de l'hégire, — *Ouaouizert tombe aux mains des Roumis. Confiance en Dieu, il donne la victoire aux croyants* ». Parole d'espoir, parole de haine, et qui nous laisse songeurs...

Dans le village, au milieu des vergers, il y a des places adorables pour la contemplation, des belvédères ombragés de treilles ou de figuiers, d'où l'on peut voir germer la plaine, mûrir les olives, et se bercer de rêves d'or à l'espoir des futures moissons, retraites engageantes aménagées par des sages voluptueux.

Tout ce pèlerinage dans Ouaouizert, du *mellah* au souq et au marabout, nous l'avons fait, pour ainsi dire, avec Charles de Foucauld comme guide. Le véridique, le consciencieux, l'admirable cicerone ! C'est ainsi qu'il nous a suffi de calquer l'un de ses plans pour nous orienter et trouver, dans l'oliveraie, à la place marquée, les ruines, dont il parle, d'une ancienne casbah édifiée par Moulay Ismaïl, le Louis XIV filali, le fastueux bâtisseur des palais de Meknès. Attirance des vieux vestiges, pour « ceux dont le passé presse l'âme inquiète ! ». Nous avons couru, le commandant Reymond et moi, vers celle-là. Nous fûmes bien avisés de nous hâter ! Le lendemain il eût été trop tard.

C'étaient de superbes pans de murailles fauves, frustes, mais fermes encore sur leurs fondations trois fois séculaires, et d'une savoureuse patine. Au faîte, à un angle de l'enceinte ruinée, un nid de cigognes, déserté, attendait le printemps lui ramenant ses hôtes. Las ! les oiseaux migrateurs, revenus sur l'aile des premières brises tièdes, ne retrouveront plus leur asile familier. Des hommes sont arrivés qui, sans plus de respect pour les reliques d'amour que pour les témoignages du passé, ont, de quelques pétards, abattu, broyé, avec les restes de la vieille forteresse de l'inquiétant chérif, du furieux au caftan safrané, l'asile des grands oiseaux voyageurs. C'est un grave dommage, et bien inutilement causé. Sur l'emplacement ainsi profané, on va construire le « bureau ». N'y avait-il donc pas, dans toute cette délectable oasis, un autre coin quelconque pour y installer une machine à écrire et des cartons verts ?

Au dire d'un homme qui nous a

guidés un moment, ce n'auraient pas été là les seules ruines de la région. Au-dessus des grottes décrites par Foucauld, que nous apercevons d'ici, ouvrant leurs menaçantes bouches d'ombre, accessibles on ne sait comment, dans le nu d'une muraille à pic, pareille aux orgues d'Auvergne, subsisteraient encore les remparts ruinés d'un château « construit par un sultan ». Lequel ?

Le dernier qui vint ici fut Moulay Hassan, digne héritier d'Ismaïl, guerrier comme lui, comme lui tyrannique, et qui passa, peut-on dire, son règne entier à cheval, courant d'une tribu à l'autre, châtiant, régentant, infligeant des dîmes, imposant par le sabre sa loi. Ce fut sa dernière expédition, au cours de laquelle il mourut, en 1894, après avoir béni et investi son fils préféré, Moulay Abd

El Aziz, sultan légitime de l'Empire Fortuné.

Précisément, nous devions avoir la visite de l'un des survivants de cette campagne : à peine étions-nous établis devant Ouaouizert, que le général Daugan était sollicité, avec insistance, par Si Taïeb, caïd Goundafi, de lui permettre de venir revoir ces lieux où, jeune guerrier perdu

Dans les honneurs obscurs de quelque légion,

et bien éloigné, sans doute, de penser qu'il serait un jour sacré, par mes excellents amis, Jérôme et Jean Tharaud, un des « Seigneurs de l'Atlas », il était venu déjà, sous les étendards du grand sultan. Nous le vîmes arriver un après-dîner, monté sur le cheval d'armes de son voisin de fief, Hadj Thami El Glaoui, tout harnaché d'argent doré. Et il nous décrivit, à table, cette guerre singulière d'autrefois, où le sultan, faisant surtout, en somme, office de publicain, de collecteur d'impôts, n'avançait qu'après de longues négociations, et une fois bien sûr que tout se passerait au mieux pour ses armes.

Ouaouizert fut le terme de cette pointe en pays insoumis. Moulay Hassan se retira sur un demi-succès. Les Aït Atta d'Amalou consentirent bien à lui payer un tribut en tant que chérif, mais non comme à leur sultan. Il séjourna devant leur petite capitale une quinzaine, sans les intimider autrement : ils se tenaient enfermés dans leurs *tighremt* bien pourvues, regardant, narquois, la méhalla impériale se débander et fondre à vue d'œil, comme les neiges de l'Atlas au soleil de mai. Alors, de guerre lasse, Moulay El Hassan rebroussa. Il devait rencontrer en chemin la mort, la plus implacable ennemie des hommes, et inéluctablement victorieuse.

Cependant, nous sommes à Ouaouizert sans avoir négocié. Nous y sommes et allons y demeurer, — attendant tranquillement que ses habitants y veuillent revenir.

Ils n'y sauraient manquer.

Car Ouaouizert est un nœud économique de première importance. Située au carrefour des routes conduisant au Dadès et au Todra, c'est à la fois un nœud de communications et le grand marché de six à huit grandes tribus, que nous tenons en occupant un centre pour elles vital. Foucauld a écrit : « C'est une des portes du grand Atlas ». Il faut l'en croire. Il n'a jamais rien avancé à la légère et n'a jamais menti.

J'avais, d'ailleurs, l'impression que je participais à la fois à une conquête et à un pèlerinage.

J'ai dit que l'une des premières préoccupations du général Daugan, en arrivant au camp devant Ouaouizert, avait été de faire rechercher les traces du passage de Charles de Foucauld et que le capitaine Denoun fut chargé de cette mission. J'ai dit que ce fut lui qui retrouva d'abord Makhlouf Malka. De même il découvrit l'emplacement de la synagogue où avaient logé l'explorateur et le *rabbi* son guide, — car le temple lui-même a disparu, au cours de l'une de ces querelles fréquentes au *mellah*, d'après Charles de Foucauld. Il n'y avait donc plus là qu'un placis, en avant d'une *mechta* de terre rouge, avec un four primitif à l'un des angles. A cette place, marquée sur la photographie par un *mokhazni* debout, se dresse, dès à présent, un monument commémoratif très simple, provisoire, il le faut espérer, érigé par la piété du Général, et dont l'inscription rappelle à la fois et le passage du glorieux pionnier de la France et l'arrivée du drapeau tricolore qu'adora et que servit de toute son âme Charles de Foucauld, et pour lequel, autant que pour sa foi, mourut le Père Charles de Jésus.

Le ciel me garde de rechercher ici une antithèse romantique, qui serait haïssable. J'oserai toutefois remémorer à quelques-uns de mes camarades de route combien étaient pittoresques et délectables, à ce camp d'Ouaouizert, nos soirées sous la lune, nos flâneries, — « honni soit qui mal y pense : j'aime à aimer », — à la

Suburre du bord de l'oued, des tentes des marchands, alignées à l'ordonnance, illuminées cruellement par l'acétylène, aux tentes plus fantaisistes en leur plantation, plus discrètes, à la lueur des bougies, misérables et affectueuses, si accueillantes, si quiètes, l'appel sonné, où, sans mot dire, l'esprit vague et les mains errantes, on buvait le thé de menthe aromatisé, en croquant des amandes grillées et en écoutant, exhalées dans une langue inconnue, de nostalgiques doléances... : « El Boroudj !.. Casbah Tadla !.. ». Jamais vous n'oublierez, ô vieux cœur, ces confidences que vous avez comprises sans seulement les entendre.

LES RÉSULTATS

Je souhaiterais, pour finir, témoigner combien fut humainement conduit ce petit épisode de guerre, et combien on s'appliqua, en toutes circonstances, à réduire au minimum le mal inévitable.

Sans s'en douter toujours, nos soldats poursuivent, par des moyens différents, exactement la même tâche à laquelle s'appliquait un sultan Moulay El Hassan : soumettre au Magzhen et pacifier des tribus. Les tractations préalables du chérif couronné, que je notais plus haut, ont été remplacées aujourd'hui par un lent et patient travail politique : même méthode, donc, avec des moyens différents.

Toujours et partout, au cours de cette colonne, j'ai vu interdites et sévèrement punies toutes violences inutiles. Quand, à Ouaouizert, l'industrieuse et sage petite cité, les pillards, — le plus souvent des indigènes, — rapportaient au camp des bois travaillés, des portes de maisons, des vis de pressoirs à huile, spécimens d'un art ingénieux et patient, un poste de police arrêtait au passage ces épaves précieuses, destinées aux foyers du bivouac. Et je ne crois pas que jamais un de nos soldats à nous ait allumé le feu à une seule casbah : les tirailleurs, les goumiers, si invraisemblable que cela puisse paraître, sont plus difficiles à retenir et plus durs à leurs frères.

« L'opération militaire, portaient les instructions données, au départ, par le général Daugan, n'est pas le but : c'est le moyen. Le but est la soumission des tribus ; c'est la rentrée rapide des populations dans leurs pays, la reprise des transactions commerciales ».

Et encore :

« La correction infligée, pas de taquineries ».

Chemin faisant, l'état-major fait connaître, par ses émissaires, que, les soumissions faites, nulles représailles ne seront exercées, — à condition que ces soumissions soient loyales : toute trahison légitimera une répression immédiate et terrible. Il le faut, et ces gens nous comprennent. Nous parlons ici la même langue.

J'emprunte le bilan sommaire des

résultats obtenus par cette opération, qui mettait en mouvement près de 25.000 hommes, — 10.648 de troupes régulières et 13.000 partisans, à une note qu'a bien voulu me communiquer l'état-major du général Daugan.

Le groupe mobile du Tadla, appliquant, on a pu le voir, une méthode à lui, a construit six postes, quatre blockhaus et neuf ksours ou tours de garde — curieuses petites constructions renouvelées des guerriers primitifs, où l'on accède par une échelle qu'on retire à l'intérieur —, tandis que le groupe de Marrakech s'assurait seulement sur trois postes.

Le groupe mobile du Tadla a établi quarante kilomètres environ de lignes télégraphiques sur poteaux, alors que le groupe de Marrakech en posait soixante kilomètres.

Les travaux de routes et de pistes comprennent :

1° Une piste empierrée de Tanant à Azilal (G. M. M.), soit quarante-sept kilomètres ;

2° Pistes carrossables en montagne : par le G. M. T., quarante kilomètres ; par le G. M. M., soixante kilomètres ; soit, au total, cent kilomètres environ, y compris les pistes d'accès aux divers postes.

Les résultats politiques sont appréciables. Ils se sont encore accrus et consolidés depuis la rentrée des troupes dans leurs garnisons, puisque, à l'heure où j'écris, le Hansali lui-même a négocié, nous est acquis. Mais, au moment où se disloquait la colonne, avaient déjà fait leur soumission 2.775 familles, dont la grosse tribu des Aït Bouzid, 2.300 familles, tandis que les pourparlers avec 375 autres étaient près d'aboutir et que 875 avaient entamé des négociations. On peut considérer qu'à l'heure actuelle tout ce monde est « maghzen ».

De quel prix du sang avions-nous payé ces résultats magnifiques ?

Le G. M. de Marrakech avait eu 21 tués, dont 1 officier (le lieutenant Savary de Beauregard), et 75 blessés, dont 1 officier ; le G. M. du Tadla, 11 tués et 60 blessés, dont 3 officiers.

Quant aux partisans, leurs pertes se décomposaient comme suit :

Harkas glaoua : 43 tués et 115 blessés ;

Harkas accompagnant le G. M. de Marrakech (Entifa, Outferkal), 17 tués et 51 blessés ;

Harkas accompagnant le G. M. du Tadla, 10 tués et 34 blessés.

Enfin, les pertes des troupes régulières en éléments français étaient seulement de 8 tués, dont un officier et 4 aviateurs, et de 14 blessés, dont 4 officiers.

Et la paix, quand j'abandonnai la vie des camps, était si parfaite, dans le pays que nous venions à peine de traverser en bataillant huit jours auparavant, que je pus, sous la protection d'une dizaine de partisans, regagner Azilal sans encombre, suivi de l'œil, au passage, par des guerriers qui, la semaine précédente, faisaient le coup de feu contre nous, et qui, désormais, du haut des placides *tighremt*, veillaient à la sécurité de la piste.

Encore que je tremble d'achever de me brouiller avec le général Daugan, je voudrais dire, pourtant, avant de mettre le point final à cette modeste chronique de la colonne d'Ouaouizert, combien j'ai été frappé des soins apportés à sa préparation, de la fougue, tempérée par une calme raison, qui présida à la conduite de ces deux raids audacieux ; enfin, avec quelle joie profonde j'ai retrouvé, toujours égal à lui-même, le Breton au cœur généreux, à la tête froide, l'ancien chef de l'inoubliable « Division Marocaine ».

TABLEAU DE COMMANDEMENT DU GROUPE D'OPÉRATIONS ET DES GROUPES MOBILES

1° GROUPE D'OPÉRATIONS

Général DAUGAN commandant le G. O.

Chef de bataillon GIRAUD, chef d'état-major.

Chef de bataillon ORTHLIEB, chef du Service des Renseignements.

Capitaine BOUSCAT, chargé d'assurer la liaison avec l'Aviation.

2° GROUPE MOBILE DE MARRAKECH

Colonel Naugès commandant le G. M.

Chef de bataillon Gouspy, chef d'état-major.

Infanterie

Lieutenant-colonel Maurel, du 4e régiment étranger (5 bataillons).

Chef de bataillon de Pascal, commandant le 62e T. M.

Chef de bataillon Gondy, commandant le 22e B. T. S.

Chef de bataillon Toussaint, commandant le 2e bataillon du 62e T. R.

Chef de bataillon Taillemitte, commandant le 3e bataillon du 32e T. M.

Chef de bataillon Lambert, commandant le 1er bataillon du 4e étranger.

Chef de bataillon DE CORTA, commandant le 3e bataillon du 4e étranger.

Artillerie (3 batteries)

Chef d'escadrons PERNEY, du 1er R. A. C.

Cavalerie (2 escadrons)

Chef d'escadrons DE BEAUCHESNE, du 9e spahis.

Capitaines MAZOYER et NOURISSAT

Génie

Capitaine FROMENT, chef du Génie subdivisionnaire.

Aviation (1 escadrille)

Capitaine NAHEL.

Transmissions

Lieutenant MEGY.

3° G. M. DU TADLA

Colonel Freydenberg, commandant le G. M.

Lieutenant-colonel Grasset, adjoint.

Capitaine Belfort, chef d'état-major.

Infanterie

Chef de bataillon Miquel, commandant le 3e bataillon du 29e T. A.

Chef de bataillon Bertho, commandant le 1er bataillon du 62e T. M.

Chef de bataillon Ture, commandant le 1er bataillon du 65e T. M.

Chef de bataillon Stefani, commandant le 2e bataillon du 65e T. M.

Chef de bataillon Runacker, commandant le 2e bataillon du 4e étrang.

Chef de bataillon Menigoz, commandant le 17e bataillon du 2e étr.

Cavalerie (3 escadrons)

Chef d'escadrons de Lamotte.

Capitaines Boisson d'Ecole, Gaudet et Bournol.

Artillerie

(4 batteries, 1 section de 95)

Chef d'escadrons Langlais.

Génie

Lieutenant Gobert.

Aviation

Capitaine Lehideux.

Transmissions

Lieutenant Warant.

ILLUSTRATION

Je dois à l'obligeance de M. l'interprète Denoun, avec quelques autres clichés notammen celui des ruines de Moulay Ismaïl, l'image qui représente l'emplacement de l'ancienne synagogue, où s'élève aujourd'hui le monument commémoratif du passage de Foucauld.

Quelques unes des plus belles, parmi les autres photographies, sont de M. Coutanson, de Casablanca, le plus allant, l'un des plus artistes photographes du Maroc, et qui est de toutes les colonnes.

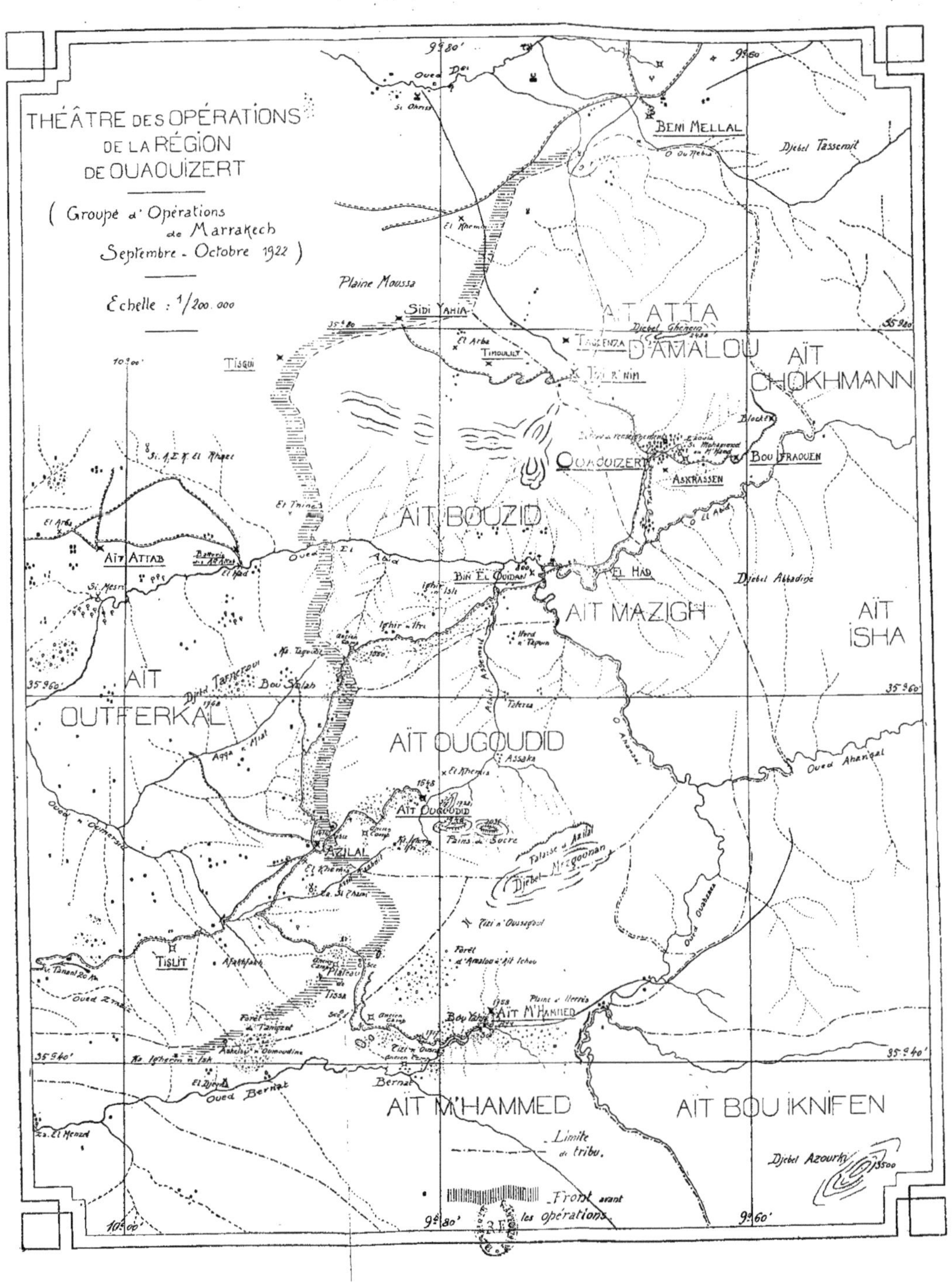
THÉÂTRE DES OPÉRATIONS
DE LA RÉGION
DE OUAOUIZERT
(Groupe d'Opérations
de Marrakech
Septembre - Octobre 1922)
Echelle : 1/200.000
BENI MELLAL
Djebel Tassemit
Plaine Moussa
SIDI YAHIA
AÏT ATTA
D'AMALOU
AÏT
CHOKHMANN
TIMOULILT
TISGUI
OUAOUIZERT
BOU IFRAOUEN
ASKRASSEN
AÏT BOUZID
AÏT ATTAB
BIN EL OUIDAN
EL HAD
AÏT MAZIGH
Djebel Abbadine
AÏT
ISHA
AÏT
OUTFERKAL
Bou Salah
AÏT OUGOUDID
Oued Ahansal
AÏT OUGOUDID
AZILAL
Pains de Sucre
Falaise d'Azilal
Djebel Mezgoounan
TISLIT
Oued Zrabia
AÏT M'HAMMED
Oued Bernat
AÏT M'HAMMED
AÏT BOU IKNIFEN
Limite de tribu.
Djebel Azourki
3500
Front avant les opérations
35°80
35°60'
35°40'
9°80'
9°60'
10°00'

Fig. 1. Une des « tighremts » de l'oued Bernat.

Fig. 2 Le « beau vieux Chleuh des Aït Bouzid ».

FIG. 3. L'entrée du poste de « Beauregard ».

FIG. 4. Batterie de 75 tirant sur l'oued Ouabzaza.

FIG. 5. Le 65 en action à Bou Yahia.

Fɪɢ. 6. La garde d'El Hadj Thami à l'arrivée
à Bou Yahia.

Fig. 7. L'arrivée d'El Hadj Thami El Glaoui.
au camp de Bou Yahia.

Fig. 8. Un blessé.

Fig. 9. Une halte sur le chemin de Bine El Ouidane.

FIG. 10. Conseil de guerre au bord de l'Asemsil.

Fig. 11. Soumissions, à Bine el Ouidane.

FIG. 14. Aït Ouaazik.

Fig. 15. Un panorama d'Ouaouizert.

FIG. 16. Ouaouizert : Le mellah en feu.

Fig. 17. Un moulin sur l'oued Tadroucht.

FIG. 18. Ouaouizert : La Koubba de Sidi Mohammed ou Mohand.

Fig. 19. Les ruines de la casbah
de Moulay Ismaïl.

Fig. 20. L'emplacement de la synagogue
où séjourna Ch. de Foucauld.

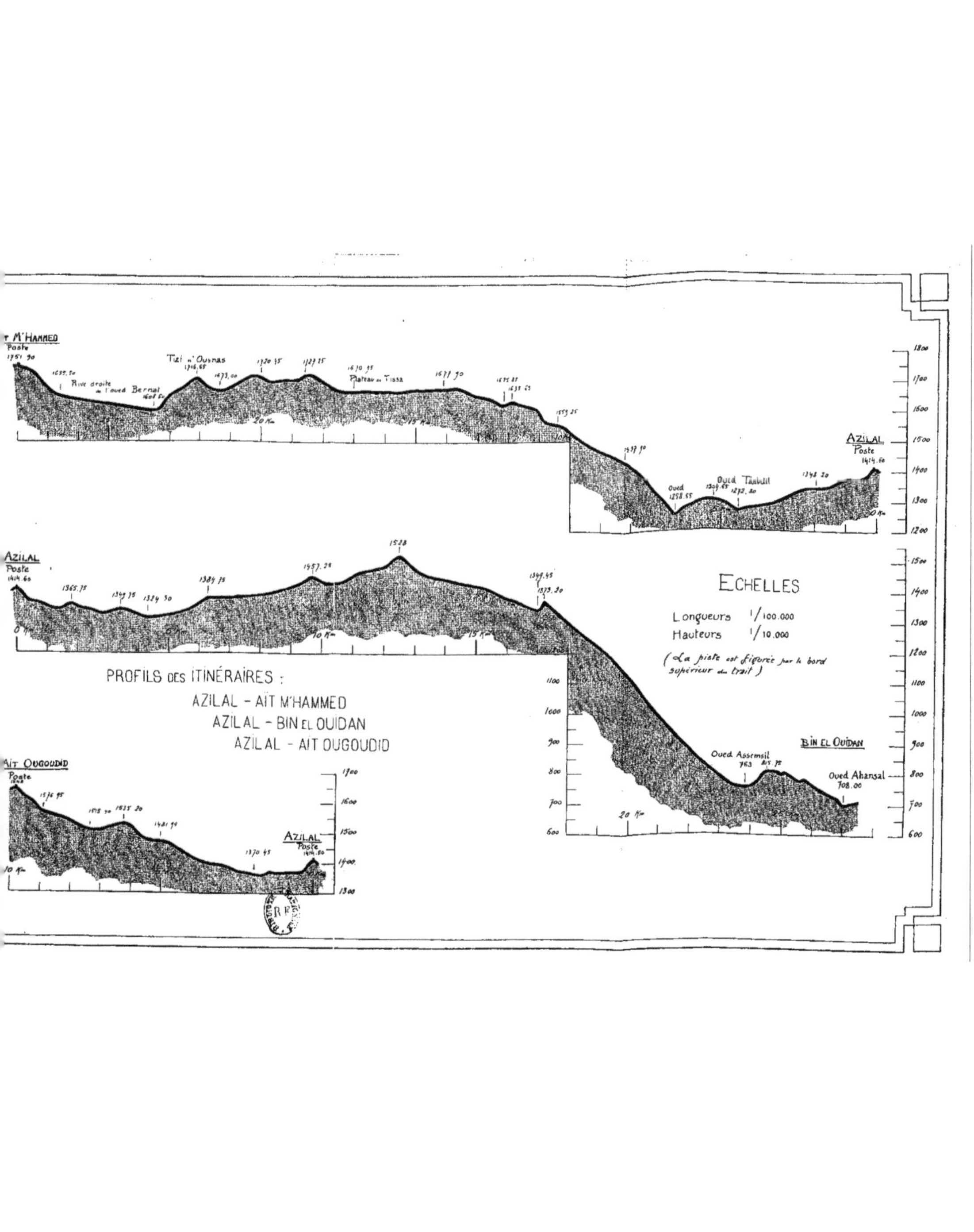
PROFILS DES ITINÉRAIRES :
AZILAL - AIT M'HAMMED
AZILAL - BIN EL OUIDAN
AZILAL - AIT OUGOUDID
ECHELLES
Longueurs 1/100.000
Hauteurs 1/10.000
(La piste est figurée par le bord supérieur du trait)
AZILAL Poste
BIN EL OUIDAN
Oued Assemsil
Oued Ahansal
Tizi n' Ousnas
Plateau de Tissa
Oued Tanbult
AIT OUGOUDID Poste

TABLE DES MATIÈRES

Achevé d'imprimer pour M. G. Babin, le 4 août 1923, par M. Audin, Me Imprimeur à Lyon.

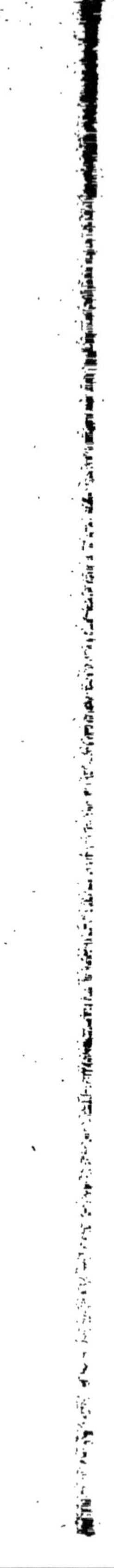

www.ingramcontent.com/pod-product-compliance
Ingram Content Group UK Ltd.
Pitfield, Milton Keynes, MK11 3LW, UK
UKHW022012170726
13837UKWH00001B/137

9 782329 209777